神戸大学大学院法学研究科教授
阿部泰隆

内部告発〔ホイッスルブロウワァー〕の法的設計

＊ 社会浄化のための内部告発者保護と褒賞金制度の設計 ＊

信山社政策法学ライブラリイ
8
SHINZANSHA LAW&POLICY LIBRARY

信 山 社

はしがき

このところ、日本始まって以来と言っていいほど多数の不祥事が続々と露見している。その多くはいわゆる内部告発によるものである。そこで、内部告発の是非、内部告発者保護の法制度の設計のしかた、さらには、内部告発を奨励することが社会の浄化に寄与するという点からは、褒賞金制度が論じられている。

ちょうど、政府レベルでも、国民生活審議会が消費者行政の観点からこの問題を扱い、検討を進めているが、筆者は内部告発はいわば仲間を裏切るという暗いイメージではなく、社会に警笛をならすという積極的な意味を見出すべきであり（英語では、これを口笛を吹く人、Whistleblowerという）、これをすべての領域に一般法として導入すべきであると考えている。本書は、国家の制度として、内部告発者の保護と褒賞金制度の設計のしかたを提案する。

読者の便宜のために、冒頭に、この私見の要点を掲載し、法案の試案を作成した。まだまだ不十分であるが、ご参照賜りたい。

末尾に、関係資料として、国民生活審議会の資料などの一部、民主党案を抜粋し、文献目録を掲載した。

本書がこれからの日本の法制度整備に何らかの参考になれば幸いである。

なお、筆者も参加している民間研究団体・司法改革フォーラムは、本稿と基本的には同方向の提言を二〇〇二年一二月一六日に発表した。

本稿作成に当たっては、右司法改革フォーラム会員諸氏、（財）電力中央研究所経済社会研究所主任研究員・田邉朋行氏から貴重な意見を賜った。この文献目録の作成及び資料収集、校正に当たっては、二〇〇三年四月から清和大学講師となった（これまで神戸大学大学院博士後期課程）森尾成之氏に、最後の校正については赤井朱美氏（神戸大学大学院博士後期課程）のお世話になった。

本書は、もともと良書普及会刊行の自治研究七八巻一二月号、七九巻一、二号（二〇〇二年―二〇〇三年）に連載したものに手を加えたものである。良書普及会の事業を引き継がれた第一法規には転載の許可を頂いた。信山社の村岡侖衛さんには本書のつくり方について大変お世話になった。記して謝意を表する。

二〇〇三年四月一日

神戸大学大学院法学研究科教授
阿部泰隆

本提案の要点

一　金勘定で行われる不正には金勘定で

脱税、医療費の不正請求、医療過誤、公害、入札談合、学校での体罰、補助金のごまかし、原子炉の安全点検などの法令遵守のごまかし、廃棄物の不正処理、行政組織内部の不正など、浜の真砂は尽きるとも世に不正の種は尽きない。不正が行われる理由は、道徳感とか倫理感が欠けているためなどといわれるが、実は露見する確率を考慮しても、違法行為により得られる利益が、露見した場合の不利益（不正に加えられる害悪）よりも大きいと、少なくとも主観的には認識されるからである。要するに、不正を行うのは、儲かると金勘定をするからである。したがって、不正を防止する手段は、不正が露見した場合の処罰を厳格化すると同時に、露見率をアップして、「不正は結局は損」だと思わせるようにすることが正攻法である。

本来、これらの不正は、警察、公正取引委員会、税務官庁など監督官庁が取り締まるべきであるが、それをいくら強化しても、組織内部の不正行為の情報を入手することは至難のわざである。これは行政の監督手法の限界（執行の欠陥）といわれるものである。右記の不正はその典型例である。そこで、その探知は組織内部その他の私人の協力を得て行うのが有効である。

しかし、私人が不正を通報するなど、当局に協力すると、種々不利益を受ける可能性があり、自分は何ら得をしないから、ハイリスク・ゼロリターンである。しかも、現行の法制度では、通報を受けた監督官庁などの取扱いルールが明確ではないので、適切な処理が行われるとはかぎらない。通報の濫用により名指しされた人が不利益を受けることもある。そこで、法的整備が必要である。その方法は、通報ルートを明確化し、通報者を報復その他の不利益から保護することと、さらには通報は公益に寄与するとして、褒賞金によってそれに報いることによって、これをローリスク・ハイリターン（少なくとも、ローリスク・ミドルリターン）にすることである。

こうした制度を整備すれば、不正は激減する。明るい社会になると思われる。内部告発をするのは気分がよいものではないであろうが、実際にはそのチャンスも減るだろう。

米国では、西部劇などに見られる懸賞金制度に始まり、ホイッスルブロウワァー（口笛を吹く人・内部告発者）保護制度、違反通報（密告）褒賞金制度がある。また、英国では一九九九年に公共利益開示法が施行された。二〇〇二年一月に施行された韓国の腐敗防止法は通報者の身辺保護や褒賞金も定めている。

日本でもこれらの制度を参考に、さらに改良を加え、新たな法制度を設計すべきである。

二　通報への批判は的はずれ

これらの制度に対しては種々の批判があるが、いずれも当たらない。

まず、通報は仲間を売る密告・裏切りであり、人倫に悖《もと》る。通報褒賞金に対しては、これに加えて、おカネ目当ての通報は濫用される、暗い社会になると批判される。しかし、通報という手段と通報により問われる不正とを混同してはならない。

窃盗犯が仲間を裏切って、警察に自首したとき、泥棒仲間からは人倫に反するといわれるかもしれないが、社会からは誉められるであろう。日本で問題としている前記の不正行為は窃盗や詐欺並み（いや、それ以上）と考えれば、大いに通報してもらって不正行為をなくす方が人倫に合致するのである。これを人倫に反すると思うのは、これらの不正行為が不正ではないと思いこんでいる仲間内の論理にすぎない。他方、スターリンを賛美しなければ政治犯として収容所送りになったという歴史的事実がある。まさに暗黒政治であるが、それは異なった政治的意見の持ち主を犯罪人とするような実体法の罪であり、通報の罪ではない。そして、そのような実体法は日本にはない。したがって、これを理由に通報制度を批判するのは的はずれである。

問題は、実質的には不正ではないのに、過大な規制のために形式上、違法行為とされるものについてである。たとえば、東京電力が原発自主点検記録を改竄《かいざん》したのは、原子炉の安全規制が厳しすぎることにも原因があったと指摘される。これについては、通報を受ける機関が適切に判断するとともに、規制の合理化を図るのが筋である。

また、法規制よりも企業の教育や自浄努力が先だという意見があるが、法規制がないのにそれが進むという保証はない。むしろ不正の露見可能性を高めれば、企業が自浄努力をするのである。

他方、不正をしていると疑われている組織は、「今は不正をしていない」といくら説明しても、なかなか信用されない。内部告発を奨励する制度を設けても、根拠のある通報がなければ、その組織には不正はまずないと証明されたことになるので助かるはずである。

現在、不正行為が露見するのは内部告発によることが多いから、あえて内部告発を奨励するしくみを作る必要はないという反論があろう。しかし、たとえば、東電の不正修理や、東海村の核燃料加工会社、ジェー・シー・オー（ＪＣＯ）の不正操業、三菱自動車工業のリコール隠しが何年も露見しなかったことからも、今の内部告発で不正行為が露見するのは氷山の一角であるといえる。

このように通報制度を整備すれば不正が激減するであろうから、私は明るい社会になると思う。

三　通報者保護制度の提案

そこで、まず第一には、通報者が不利益を被らないように保護する必要がある。一九九九年のＪＣＯ事故をふまえて導入された原子炉等規制法六六条の二では、従業員の主務大臣に対する申告制度を導入し、雇用主はこの申告を理由としてその従業者に対して解雇その他の不利益な取扱いをしてはならず、その違反を処罰することとしている。

このしくみを、同法違反にかぎらず、すべての人が行うすべての通報に適用し、不利益取扱いを無効と明示すべきである。

通報先としては、イギリス法は、通報者の属する組織内部を原則とするという内部ルート優先のしくみをおいている。しかし、これでは告発が内部で握りつぶされ、証拠隠滅の機会を与えるだけではなく、告発者が特定され、報復されるリスクが高まる。

したがって、通報先は関係監督官庁などとする。政府に告発受理センターなどを設置することも適切である。また、外部ルートも開けば、内部ルートもきちんと整備せざるをえないであろう。

当局は通報を受けたら、通報者の秘密を守りつつ、誠実に処理しなければならないとする。そして、その調査の状況、処理の結果を、通報者からの問い合わせに応じて教示するように努めなければならない。

通報ルートを上司、勤務先企業に限定する就業規則は無効とするべきである。もっとも、企業、上司などへの通報を禁止するものではない。そうした通報を受けた者にはそれを誠実に扱い、秘密を守る義務を課す必要がある。

通報者が特別に保護される通報先は、不正行為者として名指しされる者の保護を考慮して、監督官庁などに限定すべきである。ビラを配布したり、週刊誌に情報を提供したりすれば、刑法と不法行為法の一般基準により責任を負わなければならない。公共の利害にかかるもので、個人の怨恨などではなく、専ら公益を図るためである場合で、真実の証明ができたか、真実であると誤信し、その誤信したことについて、確実な資料・根拠に照らし相当の理由があるときにはじめて責任を免れる。

公務員が内部告発をすれば、守秘義務（国家公務員法一〇〇条、地方公務員法三四条など）に違反するかという問題があるが、不正は実質的に保護に値することではないから、法的には秘密ではない。かりにその告発に誤りがあっても、故意がなければ、虚偽告訴罪（刑法一七二条、懲役一〇年まで）には該当しないし、少なくとも、守秘義務を負う官庁になされるかぎりは、個人や企業の秘密が一般社会に漏れるわけではないから守秘義務違反にはならないと解すべきである。

また、むしろ、逆に、告発すべきところを告発しなければ、公務員なら、懲戒事由に該当する。

なお、通報が守秘義務違反にならないと明示する法律（児童虐待防止法六条二項、配偶者からの暴力の防止及び被害者の保護に関する法律六条三項）に倣《なら》うべきである。

民間企業従業員の守秘義務は就業規則で定められているが、不正行為には適用がないと解すべきであるし、念のため「不正行為は秘密には当たらない」という趣旨の法律を制定すべきである。

通報の対象は、広く、不正ないし違法な行為、さらには法律で規制されていなくても人の健康または安全に対する危険や環境破壊を引き起こす行為、これらの行為の故意または過失による隠匿などとする。いわゆるスキャンダルは、これらに該当しないかぎりは、基本的には私的な問題であるから、通報の対象ではない。通報は、本来、公益目的で行われるべきであるが、通報される事実が不正であるかぎりは、怨恨、妨害など、その目的を問わないこととするべきである。怨恨などがあっても、不正は不正であり、相殺されるべきものではないからである。

通報者自身が違法行為にかかわっていた場合には、米国法にある司法取引を導入して、一定の重大な犯罪を通報すれば、その者の犯罪の方を免責、少なくとも減軽として（刑法四二条参照）、通報を奨励すべきである。ただし、これはその犯罪の主犯格以外の者についてとする。牛肉偽装事件で雪印食品を告発した西宮冷蔵（株）が営業停止処分を受けたが、このような通報者への行政処分は当然に軽減するか処分をしないこととすべきである。

四　違反防止には通報褒賞金が鍵だ

告発者保護制度だけでは、保護されてもともとで利益がある訳でないから、告発する動機づけがたりない。ハイリスク・ローリターンである。依然として、多くの不正が露見しないで済むであろう。そこで、特に防止する必要性が高い重大な不正に関しては、さらに通報褒賞金を導入すべきである。たとえば、脱税通報褒賞金があれば、（元）社員が当局に脱税を通報する可能性が高くなるから、脱税をする会社は時限爆弾を抱えるようなもので、脱税は激減するだろう。

しかし、過大規制のため実質的に問題とするに値しない違法が多い。「内部告発が人倫に反する」と言われるのも、これを念頭におけば理解できる。原子炉の安全性の規制についていえば、東京電力が原発自主点検記録を改ざんしたのは、規制が厳しすぎることにも一因がある。規制を本当に必要な範囲に限定すべきである。

さらに、たとえば、生活保護受給資格のように、高度のプライバシーにかかることは、通報制度で違反を摘発できるメリットよりも、プライバシーを侵害する弊害を重視すべきであろう。

褒賞金を広く認めると、褒賞金目当てのいい加減なタレ込み、また人を陥れるような濫用も予想される。その結果、行政が不正確な情報の調査に手を取られ、かえって重要な情報を見逃すことも起きる。

したがって、褒賞金制度は、単に不正を通報して当局の調査の契機となるというだけではなく、決め手となるオリジナルな証拠を持って重大な不正を通報した者に限定する必要がある。

通報褒賞金を与える根拠となる法律や条例では、その対象となる行為と必要な証明手段を規定すべきである。たとえば、脱税では脱税額一千万円以上などと限定し、記録などのコピーを提出することとすればよい。入札談合も、何千万円以上の入札で、談合の証拠を提出することとする。たとえば、各社の割当てのメモなどを提出させるのである。廃棄物の不法投棄を告発する場合には、それが廃棄物であること、運搬したり投棄した量などの証拠を提出させる。

こうした通報者には、通報に伴い不利益を受けるリスクを考慮して割に合う程度の額の褒賞金を与えるべきである。このように制度を設計すれば、通報者の保護が向上するので、心ある者は安心して通報でき、通報は当局が公表前に吟味するので、通報の濫用によって陥れられる者はいなくなるだろう。

五　一般法を作れ

まずは、すべての行政領域に共通の一般法を作り、個別の担当官庁が政省令によりその具体化を図るのが理想である。特に司法取引まで入れるなら、法務省まで巻き込んだ一般法が必要である。しかし、個別の官庁がそれぞれ自らの所管領域で法整備をすることも、それなりに可能である。

また、褒賞金制度が整備されなくても、内部告発者を保護する制度だけは不可欠である。地方公共団体でも、褒賞金を導入して、たとえば入札談合を抑止すべきである。

六　ソフトランディング

このしくみを遡及して導入すると不正は摘発できるが、かえって、抵抗勢力のためにこの制度自体が座礁するおそれがある。妥協するなら、これからの不正にだけ適用することとし、過去は問わない姿勢が必要になる。

公益通報者の保護及び褒賞金の支給に関する法律〔阿部泰隆試案〕

目次

第一章　総則

第一条（目的）
この法律は、不正の通報が公益の実現に多大なる貢献をしている事実にかんがみ、通報の濫用を防止しつつ、通報者の保護及び通報者への褒賞金の支給について定めることにより、不正のない明るい社会を建設することを目的とする。

第二条（定義）
この法律において「不正」とは、広く、不正もしくは違法な行為、人の健康若しくは安全に対する危険、環境破壊を惹起する行為、及びこれらの行為の故意または過失による隠匿等で、法令上これを監督する権限を有する国、都道府県、市区町村の行政機関（以下、監督官庁という）が存在するものをいう。

第二章　公益通報者保護

第三条（通報の自由）
何人も、あらゆる組織又は個人の不正を、匿名又は顕名で、それに関して権限を有する監督官庁又は内閣府に置かれる政府告発受理センター（地方公共団体の場合には監査委員又は自治体告発センター、以下同じ）に通報することができる。
2　公務員がその職務に関して不正を知ったときは、前項の通報を行わなければならない。
3　この通報を禁止する就業規則、労働契約、団体の規約等はすべてこれを無効とする。

第四条（通報の処理）

通報を受けた行政機関が権限を有しないときは、当該通報を権限のある監督官庁へ速やかに移送するとともに、顕名で通報した通報者にその旨を通知しなければならない。

2　政府告発受理センターは、その案件を監督官庁に移送する。ただし、移送することによって事案の適切な処理が行われないおそれがあると認められるときは、自らこれを処理しなければならない。

3　通報を受けた監督官庁は、通報にかかる不正の事実の有無について誠実にかつ速やかに処理しなければならない。

4　前項の調査の結果不正が判明したときは、当該監督官庁は法令に基づいて適正かつ厳正な処理をしなければならない。

5　権限ある監督官庁は、この調査の状況、処理の結果を、通報者からの問い合わせに応じて教示するように努めなければならない。

6　通報者は、通報した監督官庁が適正に処理していないと認めるときは、政府告発センターに是正措置を申し立てることができる。

7　通報者は、通報をした監督官庁の処理が重大な職務怠慢により不適正に行われているときは、人事院に対してその公務員につき懲戒処分を申し立てることができる。

8　通報を処理する監督官庁は、通報された不正に係る規制が過大ではないか、妥当であるかを常に検証し、規制の改革を担当する行政機関にその情報を提供しなければならない。

9　行政機関はすべて通報受理窓口を設置するとともに、通報を処理する部門と、通報に係る不正を行っていると疑われる組織若しくは個人を育成し保護する部門とを組織内で分離しなければならない。

第五条（公務員の守秘義務）
通報案件を処理する公務員は、その職務上知り得た事項であって、通報内容、当該通告をした者を特定若しくは推知させる事実を漏らしてはならない。
2　通報の有無、通報の内容等に関する情報は、事案の処理が終了するまでは非開示とする。通報者名及びこれを推知できる事実はいかなる場合でも通報者の同意がなければ開示してはならない。

第六条（通報者の守秘義務違反の解除）
刑法（明治四十年法律第四十五号）一三四条一項の定める秘密漏示罪の規定、国家公務員法一〇〇条、地方公務員法三四条などの守秘義務を定める法令、就業規則若しくは労働契約その他の守秘義務に関する規定は、本法の定めに従って行われる通報を妨げるものと解釈してはならない。ただし、医師、弁護士、宗教者についてはこの限りではない。

第七条（不利益取扱いの禁止）
使用者は、被用者を、通報（当該使用者の不正のほか、第三者の不正に係るものを含む）をしたことを理由に、不利益な取扱いをしてはならない。
2　前項に違反した行為は無効とする。
3　何人も、通報した者を通報を理由にいかなる意味においても不利益に扱ってはならない。
4　第一項又は前項の規定に違反した不利益取扱いに係る損害賠償訴訟を認容する裁判所は賠償額と同額以下、その五割以上の付加金を命じなければならない。
5　何人もいかなる方法によっても通報者を探索してはならない。

第八条　（処分・刑の減軽・免除）

当該通報に係る不正に関与していた者が通報したときは、その者について行政処分を軽減し、またはこれを行わない。その者の刑についても減軽し、又はこれを免除する。

第三章　褒賞金の支給

第九条（褒賞金）

関係官庁は、重大な不正について重要かつ独自の証拠を提示した通報者に対して、褒賞金を支給しなければならない。褒賞金の支給額、その額の算定基準は、通報による公益の実現、通報により通報者に生ずる危険などを考慮して省令で（普通地方公共団体にあっては、知事又は市町村長の規則で）定めなければならない。

2　前項の規定は公務員がその職務に関して通報した場合には適用しない。

3　第一項の判断に不服のある者は、当該監督官庁の属する国又は地方公共団体に褒賞金請求訴訟を提起できるほか、政府告発センターにその審査を申し出ることができる。

4　政府は、第一項の運用について、通報者のプライバシー、関係者の営業上の秘密を害しないように配慮しつつ、毎年度、公表しなければならない。

第四章　罰則

第一〇条（本法違反の処罰）

第五条第一項、又は第二項に違反した者は二年以下の懲役若しくは一〇〇万円以下の罰金に処し、又はこれを併科する。

2　第七条第一項に違反した者は二年以下の懲役若しくは一〇〇万円以下の罰金に処し、又はこれを併科する。

3　第七条五項に違反した者は、一年以下の懲役若しくは一〇〇万円以下の罰金に処し、又はこれを併科する。

第一一条（両罰規定）

法人の代表者又は法人若しくは人の代理人、使用人その他の従業者が、その法人又は人の業務に関し、第七条一項に違反したときは、行為者を罰するほか、その法人に対して一〇〇〇万円以下の罰金刑を、その人に対して一〇〇万円以下の罰金刑を科する。

附則（施行日）　本法は、公布後一年以内の政令で定める日から施行する。

2　（不遡及）　本法は本法施行後に発生した不正に適用する。

（＊　本法案は基本部分のみを示したものである。実際に立法化するにあたっては、なお細目を定める必要があるとともに、法令用語法についても検討の余地がある。）

一 はじめに——提案の趣旨

1 多数の不正が内部告発で露見

最近、各種の不正行為（違法行為などを含む、後述）が内部告発や取引先などの通報（告発）により露見する例が少なくない。三菱自動車のリコール隠し（二〇〇〇年）、雪印乳業が汚染粉乳の再利用により惹起した食中毒事件（二〇〇〇年）、茨城県東海村のウラン燃料加工施設ＪＣＯが行った違法操業（一九九九年）、雪印食品・日本ハムが狂牛病対策の買上げ資格のない輸入牛肉を国産牛肉として偽装してした買上げ申請（二〇〇一―二〇〇二年）、東京電力の原子炉点検記録の不正改竄《かいざん》（炉心隔壁を含む原発損傷隠し、二〇〇二年）、佐世保重工の助成金不正受給（二〇〇二年）、全農チキンフーズ鶏肉偽装（二〇〇二年）、協和香料化学の無認可物質使用（二〇〇二年）、ダスキンの無認可物質使用（二〇〇二年）、ＵＳＪの賞味期限切れ物質使用（二〇〇二年）、無登録農薬の販売（山形県、二〇〇二年）、ムネオハウスの入札疑惑（二〇〇二年）、補助金のごまかし、各地で多発している入札談合、農産物の産地の虚偽表示などがそうである。(1) この結果、雪印食品は廃業に追い込まれ、それを告発した西宮冷蔵も同様に廃業となった。アメリカでもエンロン社の破綻の発端は内部告発であった。(2)

最近では、互助会系大手冠婚葬祭会社「セレマ」（本社・京都市）の労働組合は、同社が顧客に説明し約款で定めているサービス内容が、実際とは異なり、正しく履行されていない、特に葬儀については、ひつぎや霊きゅう車、寝台車の使用に際して規約外の追加料金を取っていることがあるとし、積み立てが満額になると年数％の金額や代替サービスが受けられる「割り増しサービス」分を料金から差し引かず、祭壇のランクアップで替えていることなどを暴露。また、顧客の希望で寺院（僧侶）を紹介しているが、無断でお布施の一部を紹介手数料として受領しているとも指摘する文書を近畿経済産業局に提出している（毎日新聞二〇〇三年三月一六日）。

ちなみに、アル・パチーノ主演で、すこぶる評判の良い作品「The Insider」はタバコ業界の背任行為の密告を主題としたものである。なお、これらの代表例として国民生活審議会の資料を本書末尾に添付する。

このように、通報が不正摘発と防止に果たす役割は大きい。これを正当に評価して保護する必要がある。

2　褒賞金が効果を発揮

さらには、犯罪捜査などの一部では通報褒賞金が導入されている例があり、犯人逮捕に大きな効果を発揮している。犯人逮捕に結びついたものもあれば、そこまでいかないものもあるが、その例を挙げよう（その多くは毎日新聞で「懸賞金」のキーワードにより検索したものである）。

●二〇〇二年一〇月首都ワシントン周辺の連続射殺魔に五〇万ドルの懸賞金がかけられた。

●米国政府は、同時多発テロの容疑者ウサマ・ビンラディンらの捕捉につながる有力情報を提供した外国人に、米国での滞在や就労を認める査証（ビザ）を発給すると発表した。ビンラディンらの所在情報に関しては史上最高の二五〇〇万ドル（約三〇億円）の懸賞金がかけられている。

●一九九五年三月に起きた国松孝次・元警察庁長官狙撃事件で、警視庁南千住署捜査本部は、事件から六年を経過した二〇〇一年、事件解決につながる情報の提供者に二〇〇万円の懸賞金を出すとした。資金は捜査に加わった公安一課と南千住署のＯＢ有志が醵出《きょしゅつ》した。

●一九九六年四月、立教大四年の男性がＪＲ池袋駅で男に突き倒されて死亡した事件で懸賞金が用意された。
●世田谷一家四人殺人事件の犯人の情報提供者に被害者の父親が謝礼金を用意した（二〇〇二年）。
●オウム真理教の特別手配容疑者三人に関する有力な情報に対して懸賞金六〇〇万円が用意されている。
●結納のため大阪にきていた男性が駅で暴行されて死亡したので、親が結婚資金の三〇〇万円を懸賞金とした結果、警察に寄せられた情報がきっかけで、二被告が逮捕され、傷害致死罪で懲役五年と六年の実刑判決が下された（大阪地裁二〇〇二年一二月九日）。
●大阪・ミナミの路上で一九九八年、大阪市東淀川区の会社員が男に暴行され死亡した事件で、両親がかけた一三〇万円の懸賞金で提供された情報が犯人逮捕につながった。
●横浜市戸塚区で、県立高校二年の男子が轢き逃げして逮捕された事件では、遺族が一〇〇万円の懸賞金を用意していた（二〇〇一年）。
●いわゆる松山ホステス殺人事件の犯人は、警察の支援を目的に掲げる愛媛県警察協会が懸賞金一〇〇万円をかけていたことが功を奏し、一九九七年七月時効直前に市民の通報で逮捕された。愛媛県警は、通報した自営業者と、犯人の指紋採取に協力した女性飲食店主を懸賞金の受取人と決定し、それぞれに対して五〇万円ずつ贈った。
●交通事故の被害者が目撃者探しに褒賞金を出すと広告したが、「ひき逃げ事故　遺族『情報求む』懸賞金計画　警察が連絡先引き受けず　金出したと誤解招く　警察ブレーキ　西宮署」（読売新聞一九九九年一〇月五日夕刊一一面）と報道されているように、懸賞金を出すかどうかについて警察と被害者がもめている例もある。
●ＮＰＯ法人「日本ガーディアン・エンジェルス」（http://www.angels.or.jp/dialv2.html）は、広島県内で発生した重大事件の情報提供者に最高一〇万円の報奨金を支払う制度をはじめた。同県警の発案で、事件を特定しない報奨金制度は全国ではじめて（毎日新聞二〇〇二年八月七日）。財源は寄付による。模範にしたニューヨーク州では月八件程度がこの制度により解決しているという。なお広島では初日だけでも七件の通報があったという（二〇〇二年八月七日。ＴＢＳ一七：五〇　ＮＥＷＳの森）。

3　ルールを作る動き

しかし、現行制度では通報者も不利益を被るおそれがあるし、通報の濫用により権利を侵害される者もいる。また、通報を受けた監督官庁なども、その取扱いについては、ルールが明確ではないので、苦慮することがある。さらに、通報制度、特に褒賞金の当否については意見が分かれている。

ＪＣＯ事故を受けた一九九九年原子炉等規制法の改正に当たって内部通報の活用のあり方が国会で議論された。(3) 国民生活審議会消費者政策部会中間報告「21世紀型の消費者政策の在り方について」（二〇〇二年一二月）(http://www.consumer.go.jp/) は、これを公益通報者保護制度として取り上げ、立法化する方針のようであるが、企業が消費者の生命・身体の安全を脅かした場合などに限定されている。

民主党は「行政運営の適正化のための行政機関等の業務の執行に関する報告及び通報等に関する法律案」を国会に提出している。しかし、これは対象を行政機関等の業務の執行に関する違法な事実などの報告に限定している。むしろ、地方公共団体、民間の違法行為も対象にすべきである。また、国家公務員が通報する場合には、第一次的には上司に報告するという内部ルート優先のしくみであるが、これは後記のように泥棒仲間に泥棒の監視をさせる愚に等しい。さらに、内部告発者が不利益な取扱いを受けないというだけでは、実際上不利益な取扱いを受けることを防止できない。公務員以外の者が通報した場合、行政適正化委員会は、適正な措置を取るべき旨の勧告をするということになっているが、生ぬるくはないだろうか。末尾に、この法案を添付する。

二〇〇二年一〇月には、大阪に公益通報支援センター（通称・内部告発支援センター、http://www006.upp.so-net.ne.jp/pisa/）が設立された。弁護士および公認会計士が企業、団体、行政機関における公益を害する違法・不正について、社員や職員や関係者から相談を受付け、問題に応じて無料でアドバイスをするという。しかし、これも不正をした企業への通報という内部ルート優先のしくみであって、後述するようにそれだけではとうていたりない。

4　諸外国の動き

アメリカでは、西部劇に見る懸賞金制度に始まり、ホイッスルブロウワァー（Whistleblower, 内部告発者のこと）保護制度、違反通報（密告）褒賞金（報償金、報奨金）制度がある。筆者がこの問題に関心を持ち始めたのは、昔、ニューヨーク市騒音防止条例に、通報により違反者に科された罰金の二五%が通報者に支給されるという規定があることを発見して以来である。法というものはこうして執行するのだと感心したのである。

「内部告発」というと、日本では何となく「密告」の暗いイメージがあり、組織の和を乱す、人を売るという批判がつきまうが、アメリカではこのように「ホイッスルブロウワァー（笛を吹く人）」と呼び、警告を発して、社会正義に貢献する行為と位置づけて、保護する法律を作っているわけである。

なお、この英語は、ネイティブなら、「ウイッソルブロウワァー」と発音するようであるが、日本では「ホイッスル」という表記もあるので、ここでは、「ホイッスルブロウワァー」と表記することとする。

また、イギリスでも一九九八年に公共利益開示法が制定され、韓国では二〇〇一年に腐敗防止法が制定された(4)。

韓国法は通報者の身辺保護や褒賞金、国民監査請求まで定めている。ニュージーランドも開示保護法（二〇〇〇年）を制定した。

しかし、国民生活審議会の公益通報者保護制度検討委員会懇談会議事録（二〇〇三年一月二四日）によれば、こうした法整備はアングロサクソン系の国で行われ、EUの関係は調査中で、フランス辺りの大陸系の国においては、労働者の保護に関するしくみが整っているということもあって、そういう法制はまだ行われていない。ドイツにおいても、民間団体の方でそういう法制が必要なのではないかという議論がなされているというのが現状だということである。筆者の感想では、フランス人はそう説明しているだけであって、内部告発者保護法制の整備を一切不要とするほど労働者の保護が整備されている国があるはずはないと思う。ドイツ人には、アメリカ人とは違って、内部告発、褒賞金という発想が少ないためだろうという気がする。いずれにせよ、本格的な検討を要するが、ここではそこまでの余裕はなく、日本法でどう考えるべきかを検討する。

末尾に、これらの諸外国法の特色について国民生活審議会の資料を添付する。

5　安心して通報できるルールを作る必要

最近はこうした動きを反映して、内部告発者保護法制定のために種々のシンポジウムが行われ、提案もなされている。そこではこれらの外国法が参考とされている。しかし、今行われている提案はこれらの外国法にとらわれすぎている面がある。

私見では、これらの制度を参考にするが、さらにバージョンアップして、遵守すべきルールの合理化や通報受入れ体制の整備を含め、内部告発者保護と通報褒賞金について、総合的な見地から法整備を進めるべきである。

なお、通報者は内部の者とはかぎらないので、「内部」告発者とするのは不正確であるが、通報を期待されるのは主に内部の者であるので、本書では一般の用語法にならって、内部告発と通報を特に区別しない。

そもそも、通報するだけでは、種々不利益を受ける可能性があり、自分は何ら得しないから、ハイリスク・ゼロリターンである。これをローリスク・ハイリターン（少なくとも、ローリスク・ミドルリターン）にしなければならない。

そこで、通報のルートとその適正処理を定め、通報者の保護を図ることによって、安心して通報できるようにするべきである。さらに、きちんとしたオリジナルな証拠をそろえて重大な違法を通報した者には、褒賞金を与えて、通報を奨励することにより、違法行為を抑止すべきである。他方、不正行為者と名指しされる被通報者が通報の濫用により不利益を受けることのないような配慮をする必要がある。ここでは、このような観点から新しい法制度の創設を提案する(5)。

企業が内部の不正を防止するために行う法令コンプライアンスシステムの構築(6)についてはここでは扱わない。

二　通報は不正行為抑止の効果的手段

1　内部不正対策には通報が有効

(1)　行政監督、組織内部監視の機能不全

各種の不正を犯した者は、犯罪人とされ、また、賠償義務を負担させられ、公務員や会社員など被用者であれ

ば懲戒処分の対象とされるのに、なぜ不正が行われるか。道徳とか、教育とかいわれるが、それは本当の理由ではない。正しいのは、「法と経済学」の視点である。これは二〇〇三年二月に「法と経済学会」の創立総会が開かれたばかりの新しい学問であるが、筆者は、二〇年前にアメリカに半年留学して以来、不十分ではあるが、こうした発想に染まっている。

不正が行われるのは、実は露見する確率を考慮しても、違法行為により得られる利益が、露見した場合の不利益（不正に加えられる害悪）よりも大きいと、少なくとも主観的には認識されるからである。違法行為によって得られる利益は、摘発されない場合の儲けから、それに摘発の確率を乗じたものを控除したものであり、摘発された場合の損失は、不正が摘発された場合の不利益に露見する確率を乗じたものである。たとえば、不正を行えば、一〇億円儲かるが、摘発確率は一〇%で、摘発されたときの罰金、社会的制裁その他を二〇億円と見積もるとすると、不正の儲けは九億円であり、損失は、二億円である。これでは不正を行った方が得である。もちろん、これらの確率と儲け・損失額は主観的なものであるが、不正は、これらのことを評価して、リスク・マネジメントを行った結果なのである。

要するに、不正を行うのは、儲かると金勘定をするからであるから、不正を防止する手段は、不正が露見した場合の処罰を厳格化すると同時に、露見率をアップして、不正は結局は損だと思わせるように、法制度に実効性を与えることが正攻法である。

まずは、警察・検察や公正取引委員会、税務官庁や経済産業省などの監督官庁の取締りを強化すべきであるというのが普通の発想であろう。それはそれなりに必要であるが、しかし、立入検査、質問、報告徴収などといった普通の監督手法では、不正行為、特に組織内部の違法行為の情報を入手することは至難である。雪印乳業や東海村のＪＣＯが行った違法操業のような、およそ想定外の行為は、行政の立入検査でもチェックできない。帳簿記載義務など、情報の記録義務を拡大しても、立入検査向けの記録を作るなど、二重帳簿でごまかされては、監視は困難である。これは行政の監督手法の限界（執行の欠陥）といわれるものである。役所内部の不正が組織的に行われれば、その役所の中では解決できない。

これに対して、違反が摘発された場合の制裁を厳しくして、たまに捕まっても、違反が割にあわないように一罰百戒とする方法も考えられる。しかし、それはたまたま捕まる運の悪い者に過大な制裁を科すことになるので比例原則（罪刑均衡の要請）違反として違憲となりうるし、違反を摘発できないことにははじまらない。企業や行政の組織内部の不正はそれぞれの組織でも倫理規程などをおいて防止するはずであるが、組織の利益になる不正を防止する効果は乏しい。

(2) 法の執行は情報を有する私人の協力を得て

外部にいる行政のリソースでは探知できない組織内部の不正行為は、内部その他の私人の協力を得なければ探知できない。行政内部の不正行為も、外部からはうかがい知れないので、同様である。そこで、私人からの通報を促進する法システムをつくることが有効である。そうすれば、（元）社員などが当局に通報する可能性が高まり、不正行為は割に合わなくなるので激減するし、不正行為が継続している場合も早期に摘発される。では、どうすれば、私人に通報へのインセンティブを与えることができるか。それは、前述したように、通報した場合に報復その他の不利益を被らないことと、さらには通報により褒賞金を得られることである。つまり、告発者保護と通報褒賞金である。

2　内部告発者保護、通報褒賞金が機能する具体例

内部告発者保護、さらには通報褒賞金が機能して、不正を防止できる例は無数であるが、その有効性を証明するために、いくつかの例を挙げよう。

(1)　脱税・医療費不正請求

たとえば、税務署職員をいくら増員しようと、他人の金の流れをきちんと把握するのは難しい。脱税通報褒賞金があれば、（元）社員が当局に脱税を通報する可能性が高まるから、脱税をする会社はいつも薄氷を踏む思いで、脱税は激減するだろう。同業者が競争相手を陥れようとするかもしれないが、違法行為をする以上はやむをえない。通報褒賞金が認められているアメリカでは、脱税した者にとって一番怖いのは、離婚した元妻（夫）だそうである。愛は永遠だなどと信じて二人で脱税すると、愛の破局のさいには、口止め料をたくさん取られる（しかも、永久に取られかねない）から、脱税するとしても、最愛の妻（夫）にも内緒でせよということである。医療機関の医療費の不正請求についても、事務員や看護婦を抱き込んでやっている以上は、同様である。

(2)　警察の不祥事

最近露呈した警察の不祥事を見ると、多数の警察官の中にはたまたまダメな警察官がいるというものではなく、警察が組織的に腐っているのではないかという疑いがある。特に組織で不正経理をしているのではないかと疑われている。(7)警察当局はもちろんこれを否定するが、それだけでは警察内部から長年指摘されてきたこの疑念を

払拭することはできない。二〇〇〇年に行われた警察の改革は内部監査の拡充であるが、この程度では、泥棒が泥棒を監視しているだけではないかと、信用性は低いだろう。したがって、あわせて外部監視が必要である。その方法としては、通報制度の強化が有用であろう。むしろ、警察当局が率先してこの種の制度を導入すれば、それが模範となって、他の分野にもどんどん導入される契機となり、警察の捜査能力向上に寄与して、当局にとってもありがたいのではないか。

(3) 機密費不正使用

外務省の機密費のごまかし対策としても同様に内部告発が有効である。大使をやればスパイ費や接待費をごまかして御殿が建つと巷間噂されるが、証拠はない。検察も、機密費を流用しているのではないかと疑惑にさらされている。収賄罪などに問われ公判中の元大阪高検公安部長・三井環被告は出張尋問に対し「調活費（調査活動費）は全国的に例外なく、全額が裏金に使われていた」などと、流用の実態を具体的に証言した（読売新聞二〇〇二年一一月九日）。三井被告の逮捕は内部告発隠しではないかと疑われている。[8] むしろ、内部告発を奨励したのに告発がなければ、そんな疑念も払拭できるので、当局は助かるはずである。

(4) 入札談合など

入札談合は独禁法三条、刑法九六条の三で禁止されているにもかかわらず、仕事を公平に配分するための必要悪だなどと正当化されてきた。しかし、それは公正な競争による適正な価格形成を阻害し、粗悪商品販売者が不当に儲かるしくみであるから、根絶させなければならない。

入札談合では、実は関係各社のどこがいくらで応札するといったメモが回ったりして、証拠が歴然としていることがある。朝日新聞は「談合、星取表で調整、入札参加一回で一〇点、点数最大が本命、受注一〇万円につき一点減点、一〇年以上続ける」という報道をしている（二〇〇一年一〇月二五日一七面）。ただ、外部からはわからない。通報褒賞金を用意すれば、こうした証拠をそろえて告発する者が現れる可能性が高くなる。

入札参加資格は建設業法二七条の二三以下で定める経営事項の審査で決められる。これまでの工事実績がたくさんあれば有利になっている。そこで、入札参加を希望する業者は、大きな事業にも参加できるように、この実績をごまかして有利にすることがあるようである。大阪市は立入検査をしているが（読売新聞二〇〇一年一〇月二八日）、そのためのコストは膨大で、しかもなかなか見破ることはできないだろう。不正行為をする会社の社員が内部告発することを期待するしかない。

(5)　医療ミス、福祉のイジメ

医療機関の医療ミス隠しも、一人ではできず、みんなを黙らせてはじめてできることであるから、内部告発者保護、通報褒賞金で根絶できよう。知的障害者に対する虐待はこれまで、滋賀県五個荘《ごかしょう》町の肩パッド加工会社「サン・グループ」や茨城県水戸市の段ボール加工会社「アカス紙器」、福島県西郷村の「白河育成園」、鹿児島県串良《くしら》町の知的障害者更生施設「みひかり園」などで発覚しているが、これも同様の制度で防止できよう。

(6)　砂利採取のごまかし

海や川の砂利は業者が都道府県知事の許可を得て、許可された量だけを採取すべきであるが、これを守っているという保証はない。採取量を行政が現場で監視するのはほとんど不可能であるから、通報褒賞金制度が有効である。

(7) 公　害

企業は、公害（実は、公的な害ではなく私的な不法行為・犯罪であるから、私害というべきであるが）をひき起こしても、わが社に利益になるとして従業員を黙らせることがある。たとえば、水俣病では、チッソの社内で、猫実験などをして、わが社の排水が原因だという認識があったはずであるが、こうした証拠などを隠し通していた。これも、証拠をもって通報する者に巨額の褒賞金が支給されることになっていれば、名乗り出た者がいて、この公害（実は私害）の原因解明、拡大防止に寄与したはずである。今でも、下水道に有害物質を流しても、外部から監視する方法はないので、内部告発以外には探知手段はほとんどないのである。

廃棄物の不法投棄、不適正処理なども同様である。不法投棄された産業廃棄物を投棄した業者に代わって行政代執行した例が、昨年の報道でも、一九九八年以降二〇府県で二七件行われ、約八一億円かかっているが、回収額は約一、五〇〇万円にすぎない（読売新聞二〇〇一年六月四日二面）。岩手県・青森県にまたがる大規模な産廃の不法投棄（約八二万立方メートル、霞ヶ関ビルの一・三倍）は一九九五年から一九九九年にかけて行われたもので、それを除去するのには数百億円かかるといわれる。こんなムダが生ずるのは、行政が不法投棄を早期に発見しないからである。不法投棄をしている会社にはそのことを知っている従業員が少なくとも複数はいるはずである。トラック運転手は当然知っている。通報する気が起きるようなインセンティブを導入すれば、露見する可能性が高いから、社長が一人で隠れて不法投棄するか、不法投棄をやめるかの選択しかなくなる。そうすると、代執行費用のムダを防ぎ、しかも環境を保全できるのである。

(8) 狂牛病対策の国産牛肉買上げ申請

狂牛病対策としての国産牛肉の買上げ制度が悪用された事件では、農水省としては監視しきれないのであるから、虚偽の申請が露見するシステムが必要なのである。それは内部や取引先からの通報をおいてほかにない。

3　内部告発奨励・さらには通報褒賞金への批判に対する反論

内部告発奨励とりわけ通報褒賞金に対してはいくつかの批判があるが、いずれも説得力を欠くか、制度を適切に設計・運用することにより回避可能なものである。

(1) 通報は人倫に反しない

こうした内部告発ルートの整備、通報褒賞金による通報奨励に対して、通報、特に金目当ての通報は人倫に悖《もと》る、濫用されるという反論がある。

実は、日本でも戦後一時期（一九四七年から一九五〇年まで）、脱税の通報褒賞金制度があった（旧所得税法五四条、旧法人税法四〇条、旧相続税法五七条）。それ以前には、財産税の通報褒賞金制度があった。当時、手数料を払えば、誰でも第三者の申告書を閲覧することができ、閲覧して、申告書の内容が正しくないと思った者が通報すれば、徴収した税額の一〇％を限度として、報償金を交付された。この制度の導入について、日本政府は、これは密告奨励であり、日本人の倫理観に合わないと反対したが、連合国総司令部は、国民相互の監視はむしろ望ましいとして押し切ったものであるという。これは建前としては、国民の十分な監視の下に適正申告を促すと説明された。査察に着手した事案のうち、この第三者通報制度を契機としたものが、一九五〇年度では三七%も占めた。

ところが、一九四九年九月のシャウプ勧告を受けて、申告書の閲覧制度が廃止になった。その理由は、納税者の全般的協力を得るためには申告書を秘密にしておいたほうがよいこと、税務当局の情報収集能力が向上したので、通報に左右されることなく公平に法を執行するべきだということであった。これに代わって、税務行政の執行の一助として、比較的大きな所得を有する納税者の氏名、所得金額は一般に知らせるのが望ましいとの勧告を受け、公示制度が設けられた(現行所得税法二三三条)(9)。

しかし、申告書を秘密にしたところで、納税者が協力するとはかぎらないし、高額納税者の申告税額を公表したところで、正直な申告へのインセンティブにはならない。税務当局の情報収集力が高度でないことは、いくら脱税を摘発しても、脱税の種は尽きず、ハエを追うようなものであることから明らかである。したがって、これはまっとうな理由とは思えない。やはり、通報褒賞金は日本人の倫理観に合わないということか、通報の処理に追われ、事件の選定が恣意的になってしまうということが制度廃止の本当の理由ではないかと推測される。

今残っているのは、筆者の知るところ、違法滞在の外国人を通報した結果、退去強制に追い込めば最高五万円の報償金を貰える制度だけである(入国管理および難民認定法六六条)。政府の法令データベースで、「報奨金」、「報償金」、「褒賞金」、「報奨」で検索したところ、通報絡みで出てきたのは、入管法の規定のみであった(森尾成之君の手をわずらわした)。かなり前に法務省の担当課長にインタビューしたときは、一件につき一万円を払う例が年間数件あるということであった。この制度はあるだけましとも思えるが、この程度ではとてもわざわざ入管当局に通報して、当局から事情聴取を受け、状況によっては恨まれる覚悟ができる額とは思えない。

こうして、日本では通報制度は一般的に存在しないが、それはなぜだろうか。やはり、通報は密告であり、知人を売ることで、人倫に反するとか、お互いにいつ売られるかと、相互監視の暗い社会になるということであろう。

たしかに、わが国でも過去にはそういう暗黒な社会があった。戦争を賛美していないとして隣人の密告により憲兵隊に逮捕される人も出た。スターリンを賛美しなかったというだけで通報され、収容所に送られて、悲惨な人生を短く終えさせられるといったことは旧ソ連では頻繁であった。アンネもユダヤ人であるというだけで、屋根裏に隠れて住まざるをえなかったが、通報により露見して、抹殺された。しかし、それは、通報制度の罪ではなく、スターリンを賛美しなかったとかユダヤ人であるとか特定の思想であるというだけで、犯罪になる、収容所に送られるという実体法の罪である。朝鮮民主主義人民共和国（北朝鮮）では金正日総書記を「敬愛する将軍様」と呼ばなければならず、呼び捨てなら政治犯にされると報道されているが、それもそのような実体法があるからである(10)。

ところが、そのような思想などを取り締まる実体法は今日の日本にはない。通報（密告）という手段と通報（密告）により問われる不正などとを混同してはならないのである。

そして、右記の不正行為は窃盗や詐欺並みと考えれば、どんどん摘発するのが人倫に合致するのである。泥棒が自首して仲間の犯行を供述すれば、それは泥棒仲間からは人倫に反するといわれるかもしれないが、社会一般からは歓迎される。

それに、不正行為をしなければ告発されないし、告発されても防御できるのであるから、不正行為を秘匿して成り立つ人間関係を保護する必要はない。会社内部がぎすぎすする、組織人間は組織内で対応せよなどという反論があるが、それは不正行為をしない会社には当てはまらない。

通報に反対する意見は、右記の不正は実は窃盗ほどではないのだという価値観に由来するが、脱税、社会保険の不正請求その他右記の不正は、窃盗以上であると考えるべきである。もちろん、脱税と節税の境界は不明確であるので、節税で通報されてはかなわないという反論があるが、それは税務当局がしっかり審査すればよいことである。

こうした考え方については最近理解も深まっている。(社)日本消費生活アドバイザー・コンサルタント協会の調査(二〇〇〇年一一月)(国民生活審議会公益通報者保護制度関係資料(二〇〇三年一月二四日)6の「一般に対する意識調査」に掲載)によれば、内部告発は公益のためであればよいという意見は四五%、裏切りであってよくないというのは二%しかない。一度内部で警告してそれで改善されなければ告発してよいという内部ルート優先を主張するのも、三八%である。内部告発に対して報奨金を出したり保護・保障したりする国があるが、どう感ずるかについて、社会正義のためならよいという意見が四八%、公益といっても裏切りを奨励するので、社会がぎすぎすしてよくないという意見は二八%である。

問題は、実質的には不正ではないのに、過大な規制のために形式上違法行為とされるものについてである。これについては、通報を受ける機関が適切に判断するとともに、規制の合理化を図るしくみを作るのが筋である(後述三4)。

(2) 企業の教育や自浄努力が先か

前記の東電、雪印、日本ハムなどの大会社の社員が自分のためでもないのになぜ不正行為に連座していたかといえば、これらの不正は露見しないなら、会社のためには不正行為をせざるをえないという企業組織の病理現象による。そこで、こうした企業人の意識を変えるには教育が大切だといった意見がある。

しかし、企業の意識の変革と法制度の整備のいずれが先かが問題である。不正をしても露見せずに儲かるしくみのもとで、不正をするなという教育をいくらしても、焼け石に水であろう。これに対し、不正を隠そうとしても露見する可能性が非常に高くなるというシステムを導入すれば、それだけでこうした意識や組織は変わる。これまでならヒヤヒヤながら不正行為に加担せざるをえなかった社員も、ばれるからやめようと言い出せるので、助かるはずである。

最近、阪神高速道路公団の官製入札談合事件が露見したが、これは天下りという組織の利益のために長年引き継がれてきた悪習であった。公団職員を受け入れている企業が落札できるように、そうした企業に有利に計らっていたのである。捕まった人は長年の組織の膿《うみ》を一人では公にできなかったというだけで、晩節を汚したことになり、気の毒である。通報褒賞金制度があれば、談合を止める契機ができて、みんな助かったはずである。

そして、企業も行政組織も、不正行為をしないようにという自浄体制を整えるインセンティブが働く。法令コンプライアンス（遵守）システムをトップが率先して作るだろう。

むしろ、昨今の不祥事にかんがみ、社内法令コンプライアンス体制を構築する企業が増えている。朝日新聞社が主要百社を対象に法令コンプライアンス（遵守）体制についてアンケートしたところ、不正行為の把握や防止のため、内部告発の窓口を設けている企業が六割近くにのぼったという（朝日新聞二〇〇二年九月二一日）。日本経団連も、企業行動憲章を二〇〇二年一〇月に改訂して、企業に内部告発窓口を設置するように求めている。国民生活審議会のＨＰでも、「公益通報者保護制度に関する企業へのアンケート調査結果」（二〇〇二年九月から一〇月の調査）を掲載しているが、法令遵守のため倫理規範・行動規範などの明文化された社内規程を作成している企業が六一％もあるという。

しかし、国家としては、企業の教育などを考えるよりも、不正行為が露見するしくみをつくれば十分である。通報システムは、国による規制強化を招き、事業者の自主保安体制を阻害するという反論があるようであるが、企業が自主保安体制を整えないから、通報制度が必要なのであるし、国の規制は法律に基づくものであるから、それを執行されても、事業者としては文句を言える筋ではない。もちろん、法律の規制が過大であれば、それは事業者の自主保安体制を阻害するが、それは通報制度の罪ではなく、実体法の罪であり、その見直しを怠ってはならない。それを怠って、通報制度も整備しなければ、今と同じであるが、結局は、どこかで通報されて、今回の東電事件に見るように大混乱に陥るのであって、実体法の見直しを早急に進めるシステムの創設こそ肝要である。また、不正行為をしなければ、通報されても、それは間違いであり、行政の規制対象にならないのであるから、問題にならない。

もっとも本音をいえば、「これからは違法行為をしない」と社長以下が誓う企業でも、これまでにやっていたであろう違法行為が露見しては困ってしまう。内部告発システムや法令コンプライアンスシステムを作っても、実際には「機能しないでほしい」と祈っているのだろう。これについては自首すれば罪を軽減するしくみを導入するしかない。

あるいは、通報制度を最近の違法行為に限定するという方法も考えられる（前掲条文案附則）。むしろ、これこそがキーワードかもしれない。

(3) 現在の通報制度は不十分

現在、不正行為が露見するのは内部告発によることが多いから、内部告発を奨励するしくみを作る必要はないという反論があろうが、間違いである。たとえば、東電の不正修理や東海村のＪＣＯの不正操業、三菱自動車工業のリコール隠しが何年も露見しなかったことからも明らかなように、今の内部告発で露見するのは氷山の一角である。また独禁法でも、同法違反の通報とそれによって取られた措置に関する回答制度がある（同法四五条）。その他、通報制度をおく法律は少なくない（消費生活用製品安全法九三条、家庭用品品質表示法一〇条、農林物資の規格化および品質表示の適正化に関する法律二一条、工業標準化法二一条、労基法一〇四条など）。しかし、独禁法違反が後を絶たないことからも、今の通報制度が十分に機能しているとはいえないのである。

これらの制度では、通報しても報いられないので、関わり合いになりたくないと、見て見ぬ振りをする者が少なくないと推測するしかない。

三　告発者の保護を徹底せよ

そこで、まず第一には通報者が不利益を被らないように保護する必要がある。

1　不利益取扱いを無効とするだけでは不十分

(1) 不利益取扱い禁止は一般ルールに拡大して、違反には明示の無効規定を

一九九九年のＪＣＯ事故をふまえて導入された原子炉等規制法六六条の二は従業員の主務大臣に対する申告制

度を導入した(11)。雇用主はこの申告を理由としてその従業者に対し解雇その他の不利益取扱いをしてはならず、その違反に対しては、六カ月以下の懲役又は五〇万円以下の罰金が科される（七八条の四）。二〇〇二年一二月の改正により、申告先として原子力安全委員会が追加され、罰則も一年以下の懲役もしくは一〇〇万円以下の罰金またはその併科に引き上げられた（同法七八条二八号）。

実はその種の規定はすでに労働関係法（労基法一〇四条二項・一九条一項、労働者派遣事業法四四条五項、船員法一一二条・一三〇条・労働安全衛生法九七条・一一九条一項、じん肺法四三条の二・四五条・家内労働法三二条二項（ただし、処罰規定なし）、賃金の支払いの確保等に関する法律一四条二項・一七条、鉱山保安法三八条二項・五六条二号）に存在する(12)。

なお、国家公務員倫理法の制定時においては、旧与党間の協議で、情報提供者が不利益な取扱いを受けないことを国家公務員倫理規程に含めることを確認していたという(13)。しかし、成立した国家公務員倫理規程一二条は「各省各庁の長等は、法又はこの政令に定める事項の実施に関し、次に掲げる責務を有する。」として、その四号で、「当該各省各庁又は特定独立行政法人に属する職員が法又は法に基づく命令に違反する行為について倫理監督官その他の適切な機関に通知をしたことを理由として、不利益な取扱いを受けないよう配慮すること。」と規定している。これは内部告発を理由とする不利益取扱い禁止規定の一種であるが、単に「責務」とか「配慮」とされているだけなので、不利益取扱いが無効となるわけでも処罰の対象になるわけでもなさそうである。内部告発は人倫に悖《もと》るといった反対論との妥協の産物であろうか。これではうっかり通報などできない。不備である。この規定は労働法規並みに強化すべきである。

労働法規に戻ると、労働法の学説・判例では、これに違反した不利益取扱いは私法上も無効となるらしい。

現に、内部告発を理由としてした懲戒解雇を無効とした裁判がある。大阪地裁堺支部（仮処分）一九九九年六月三〇日決定（大阪いずみ市民生協職員仮処分事件）は、元副理事長の生協私物化を内部告発し、懲戒解雇された大阪いずみ市民生協の職員二人が起こしていた地位保全の訴えに対し、内部告発はその大筋において理由があり、正当な行為と認められるとし、懲戒解雇は「内部告発に対する報復を主たる目的として、おざなりな調査しか行わないままこれを行ったもの」で「本件懲戒解雇は権利の濫用であって無効」との原告全面勝訴の決定を下したということである（http://www.nifty.ne.jp/forum/fcoop/coopnews/8/sm19908_19.htm）。

しかし、それでも実際に免職になれば訴訟で勝利しないと復職できないし、復職しても居づらいので実際上は辞めるしかないのが普通であろう。条文の上では、不利益取扱いをしてはならないという刑罰を伴う規定であるから、私法上有効だという議論もありうるだろう。(14) 免職になる（さらには、再就職でも不利になる）危険を覚悟して通告した従業員に何らの報償もないから、多くの従業員に内部告発する勇気を出させるほどにはならない。

そこで、通報者に不利益（免職、停職、配置転換、作業内容の重要な変更その他）を及ぼす報復的行為を具体的に例示するとともに、無効と明示すべきである。

この紛争の解決は裁判のほか、裁判外紛争処理制度を導入することも考えられる。

さらに、このように個別の法律で列記された場合のほか、その勤務先その他（取引先など）の不正を通報したことを理由に雇用主は従業員を不利益に取り扱うことはできないという一般ルールの創設が必要である。

なお、川田悦子衆議院議員は、通報から三年以内に受けた不利益は、情報開示によると推定する規定をおくべきだと提案している。しかし、それは、「リストラを回避するため」、「転勤を拒否するため」に通報するなどの濫用をたくさん惹起すると思われるので、賛成できない。

そして、その保護の対象となる通報は監督官庁に対するものに限定する。上司、組織内の責任部門、マスコミなど社会に公表するものは後述のように、一般の民刑事法で規律すべきである。もちろん、民刑事法上責任を問われない通報を理由に不利益に扱うことは許されない。

通報は誰でもできるし、自然人とはかぎらず、たとえば労働組合でもＮＰＯでもよい。労働者、公務員などに限定すべきではない。もちろん、正社員だけを対象としたものではなく、パートや派遣社員も当然に含む。しかし、取引先はこの規定では保護されない。

その不正も誰のものでもよい。雇用主のものにかぎらず、私人、会社、官庁、なんでもよい。限定する理由が見当たらない。

(2) 通報先

通報先としては、内部、外部のマスコミ、消費者団体、弁護士の作る内部告発センター、指定された官庁などの公的機関が考えられる。

通報者としての保護を受けるためには、一度、行政ないし会社内部で上司ないし、そのなかの告発受理センターに申し立てなければならないという内部ルート優先制度を提案する向きがある。冒頭にも述べた民主党法案、イギリスの公益開示法がそうである。

その理由は、①安全性など緊急に対応すべき場合には、外部ルートでは間に合わない、②外部ルートは濫用のおそれがあるといった点にあるようである。

しかし、内部ルートに限定すると、泥棒に「泥棒がばれますよ」というようなもので、事業者の情報収集活動に利用されるだけであり、告発が内部で握りつぶされ、証拠隠滅の機会を与えるだけではなく、告発者が特定され、報復されるリスクが高まる。それは内部告発を奨励するものではなく、逆に抑制する愚策である。もちろん、内部の違法監視体制が違法行為をもみ消すことのないようにきちんと整備されていれば、別であろうが[15]、その担保はどこにもないので、それは通報者の評価にゆだねるようにすべきである。

内部ルートで告発すれば不利益を受けるとかもみ消しが行われるおそれがある場合には外部ルートが利用できるというしくみも考えられる（イギリス法）が、そのおそれを証明することは困難であるので、通報者はやはり萎縮しやすい。

①の点は、内部ルートのメリットを示すものである。アメリカの原子力規制委員会（ＮＲＣ）は内部ルート優先で、万策尽きた上での最終手段かどうかを告発者に確認する運用を行っているという[16]。しかし、これでは時機を失するという事態も増えるし、そもそも告発ルートを原則として内部だけと限定する根拠にはならない（次に述べるように併用すればよい）。②の点は、マスコミに公表する場合に起きることである。

国民生活審議会「公益通報者保護制度について（論点ペーパー）」（二〇〇二年一一月五日）をみると、内部ルート優先システムは通報者にハイリスクを課すことが明らかである。たとえば、内部通報体制がなかったことから通報は合理的であるとされた例、社内で誠実な通報者を適正に扱わなかった、として救済された事例、内部手続を経なかったとして救済されなかった例などが報じられている。

そこで、通報先は関係監督官庁、税金なら所轄税務署、社会保険料のごまかしなら、厚生労働省関係部局、原発の場合には、経済産業省原子力安全・保安院、国の官庁の不正経理は会計検査院とし、国会・裁判所の不正経理も同様とするべきである。地方公共団体の場合には監査委員とする。さらには、内閣府などに告発受理センター（自治体の場合も同様の組織）を設立し、関係省庁へ移送するとともに、その処理状況を監督し、所管のはっきりしない事務を引き受けさせることも考えられる。特に、行政内部の不正については、政府の告発受理センターが一元的に処理することが適切であろう。このようなしくみであれば、外部ルートが濫用を生ずることはまずないだろう。

したがって、通報ルートを上司、わが社、わが官庁に限定する就業規則、内部規則は無効とするべきである。もっとも、企業、上司などへの通報を禁止するものではない。内部ルートも必要と考える組織は、外部ルートの通報のほかに内部ルートへの通報を求める制度をつくればよい。そうすると、制度間競争が起きる。通報者の評価次第で勝負が決まる。内部ルートは、勝つために、中立的な組織とし、証拠隠滅などをしないで誠実に対応すると信頼されるだけの実績を示すとともに、不利益な扱いをしないという担保と褒賞金を導入すべきであろう。なお、内部ルートで通報を受けた者には、それを誠実に扱い、秘密を守る義務を課す必要がある。

なお、弁護士など守秘義務を負う専門家が告発センターを設置して、受理した告発内容を調査して、適切なところに通報することは妨げがない。しかし、大阪に設立された前記の公益通報支援センターは、原則として、「本センターから関係省庁やマスコミに対してすぐに伝えるのではなく、企業の場合は、まず企業に伝え、企業自身が当該行為の是正と再発防止の方策を速やかに講じ、対外発表も企業自身が行うように求めます。」という（集会宣言より）。その基本的な考え方は、企業のコンプライアンスを確立するための手助けをするというものである。これに対して、シンポジウムでは、「泥棒に泥棒がばれますよ」というようなしくみというのはおかしいという指摘があったが、センター側は、「企業の自浄作用に期待しているものです。」という返答であった。これでは危なくて、私なら、このセンターには通報しない。センターに通報する者には、まず企業に通報するが、それでもよいかということを十分に説明すべきである。

また、弁護士・公認会計士など守秘義務を負う者以外（センターの運営に携わる大学職員や事務職員）にその通報情報が流れないというしくみを作らなければならないが、それは至難である。

消費者団体などこれまで内部告発を受け止めてきた実績のある団体も、これまで通り通報を受けることができるが、この職員には法律上守秘義務もないし、適正に処理する義務もない（立法論としても、そうした義務を課すことは難しい）から、その通報がもたらす責任はこれまで通り一般の民事刑事法によると思われる。

(3) 懲罰的な賠償を

その上で、不利益取扱いは特に悪質な不法行為であるから、その損害の倍の賠償を命ずる一種の懲罰的賠償制度を導入すべきである。これに対し、これは焼け太りではないか、日本では民事法には制裁的機能をもたせるべきではなく懲罰的な賠償という発想は認められないという反論が一般的であろう。しかし、悪質な不法行為に制裁を導入してその抑止を図ることは賠償法上も合理的であるし、わが身にとっては相当にリスキーな通報という行為をあえて社会のために行ったものであるから、成功した場合には利得する理由があるというべきである。

現に、解雇予告手当・時間外等の割増賃金・年次有給休暇中の賃金を支払わなかった場合には、裁判所は労働者の請求によりこれらの未払い金のほか、これと同一額の付加金の支払いを命ずることが「できる」との規定がある（労基一一四条、船員一一六条）。これは一種の民事的な制裁を通じて義務の履行を間接強制するもので、アメリカの連邦公正労働基準法（Fair Labor Standards Act）にならう注目すべきものであり、懲罰的賠償が日本法にないというわけではないのである。

なお、アメリカにおいては、公正労働基準法の他に、賃金に関する男女差別を禁止した同一賃金法（Equal Pay Act）においても、実際に貰った賃金と本来貰える筈であった賃金の差額プラス、これと同額の付加賠償金（liquidated damages）を請求できる。

本来これはサービス残業をなくし、時短に寄与する制度である。しかし、この付加金支払い義務は、わが国における判例法では、使用者が割増賃金等を支払わない場合に当然に発生するものではなく、裁判所がその支払いを命ずることによってはじめて発生するので、使用者に割増賃金等の支払い義務違反があっても、その後に使用者が未払い分を払って、違反状態を終了させてしまえば裁判所は付加金の支払いを命ずることはできない（最判一九六〇・三・一一民集一四巻三号四〇三頁）。これでは付加金の制裁としての実効性はほぼ消滅する。

そこで、残業手当などを払わなかった会社には、裁判所は、その後に支払いがあっても、相当の制裁的付加金の支払いを「命じなければならない」と改正すべきである。

(4) 通報者探しの処罰

不正が露見すると、実際上通報者探しが行われ、通報を萎縮させる。そこで、まずは、通報者探し自体を処罰すべきである。

なお、通報によって刑事事件の捜査などを受けた者がお礼参りをする場合には証人等威迫罪（刑法一〇五条の二）が適用される。通報により身の安全が保証されない場合には、韓国法にあるように、警察官の保護を求める権利を保証する制度をつくることも考えられる。

(5) 通報を受けた当局の守秘義務、情報公開との関係

このように通報先を特定官庁とする私見は、官庁の信用性が低いことから問題視されるので、工夫が必要である。東電の不正修理を通報した者を経済産業省は東電に伝えたと報道されている（神戸新聞二〇〇二年九月一三日）。また、「広島市内の学校法人が、第二種電気工事養成施設の授業に関し、通産省の通達違反に当たる出勤簿の改ざんを行った」旨を告発した職員の実名入りの手紙を、監督官庁である経済産業省中国経済産業局が告発者に無断で学校に渡したため、告発者が解雇された事件がある。裁判所は、一、二審とも、職員の解雇を無効と判断したが、当局は、実名の漏洩は国家公務員法上の守秘義務違反にならないと回答したという(17)。

通報を受けた当局の職員が通報者名を漏らせば、通報者の生命も危ないし、通報制度が崩壊するので、単に守秘義務を漏らした者に科される制裁（国家公務員法一〇九条一二号、地方公務員法六〇条二号、懲役一年以下）と懲戒処分では不十分で、より厳しい制裁を導入すべきである。立入検査などのさいも通報者名が漏れないように、通報があったこと自体も悟られないように留意すべきである。特定のところにこれまでの慣例に反する立入りをすると、通報によるのかと警戒されるので、ダミーで他のところにも立ち入るなどの工夫も必要になる。

通報者名及びこれを推知できる事実の開示は、通報者の同意を要するとすべきである。

通報者名を漏らせば、国家賠償責任が発生するのは当然である。担当官庁は積極的に賠償交渉に入らなければならず、また、国家賠償法一条二項に基づき当該公務員から求償しなければならないとしたいところである。

当局は、通報者名以外なら公開してよいか。調査結果がまとまる前にそんなことをすれば、違法行為をしたと名指しされた企業は過大な損害を被る。また、そんな危険があるなら、内部ルート優先という制度設計をすべきことになる。

情報公開法で請求された場合も、調査結果がまとまるまでは、「監査、検査、取締り又は試験にかかる事務に関し、正確な事実の把握を困難にするおそれ又は違法若しくは不当な行為を容易にし、若しくはその発見を困難にするおそれ」（五条六号イ）に該当するとして、非公開とすべきであろう。

このように取り扱われれば、通報により権利を不当に害される者はいないのである。

2 通報の対象事項と目的

通報の対象は先に不正と述べたが、広く、不正もしくは違法な行為、さらには、法律で規制されていなくても、人の健康または安全に対する危険や環境破壊を惹起する行為、これらの行為の故意または過失による隠匿などとする。褒賞金の支給対象となるには後述のように、重大な不正をオリジナルな証拠を提示した場合という要件で限定する必要があるが、単なる通報についてはそのような限定をしない。通報の段階では些細なことでも実は重大な不正が隠れていることが少なくないからである。しかし、そうすると、通報先の行政機関は、その処理に大変な負担を負うという反論もあるが、些細なもの、根拠薄弱なものは無視し、通報者から問い合わせがあればさらなる情報の提供を求めればよい。

これに対し、いわゆるスキャンダルは、これらに該当しないかぎりは、基本的には私的な問題であるから、通報制度の対象ではない。

次に、通報は、本来公益目的で行われるべきであるので、怨恨、妨害など他目的で行われるものを排除すべきだという意見もあろう。しかし、そうすると、公益目的かどうかの判断で紛争が増え、不正と怨恨が喧嘩両成敗のようになって、不正防止が図られないし、いくら恨みを買おうと、不正をしなければ防御できる。したがって、通報される事実が不正であるかぎりは、その目的を問わないこととするべきである。

公益通報支援センターによれば、扱うのは、人の生命、身体、健康、安全等に対する重大な危険性がある場合、公務員等の行財政にかかわる違法な行為ならびにその隠ぺい、犯罪行為、法令違反、その他公益に違反している場合で、具体的事例としては次のようなケースが想定されている。

企業の環境破壊、汚染、公害等、消費者に対する偽装販売、虚偽宣伝、薬害等の情報の隠ぺい、過労死、セクハラ、男女雇用均等法違反等の労使関係における法令違反等の事実の隠ぺい、企業と総会屋、暴力団との癒着、利益供与、政治家、公務員等への賄賂、ヤミ献金、粉飾決算、インサイダー取引等の証取法違反、談合、ヤミカルテル等の不公正取引、行政機関等への重要な事実の虚偽報告、隠ぺい等、その他法律違反、公益に違反している場合

行政機関・議員については、監督官庁の公務員と国会議員、業界、企業等の癒着の事実、収賄・裏金・談合等の犯罪行為、予算執行、財産管理上の違法行為、職務上の著しい過怠行為、刑務所・入管等における収容者に対する人権侵害等の隠ぺい、その他法律上の職務違反行為である。

3　通報者の守秘義務との関係

(1)　現行法の規定

一定の職業には守秘義務の規定がある。刑法一三四条一項は、「医師、薬剤師、医薬品販売業者、助産婦、弁護士、弁護人、公証人又はこれらの職にあった者が、正当な理由がないのに、その業務上取り扱ったことについて知り得た人の秘密を漏らしたときは、六月以下の懲役又は十万円以下の罰金に処する。」とし、宗教、祈禱《とう》若

しくは祭祀《し》の職にある者又はこれらの職にあった者も同様としている。さらに、公務員法（国家公務員法一〇〇条、地方公務員法三四条）など、守秘義務を定めている個別の法律も少なくない。医師の職務上の秘密を知った公務員などの守秘義務を特に規定する例（医療法七二条）もある。

他方、通報が守秘義務違反にならないと明示的に定めている法律（児童虐待防止法六条二項、配偶者からの暴力の防止及び被害者の保護に関する法律六条三項）もある。これが創設規定か確認規定かは条文上はわからないが、厚生労働省の解釈では確認規定ということであろう。児童福祉法二五条の通告については、こうした守秘義務を解除する規定はないが、「医師や弁護士等については、刑法第一三四条の規定により正当な理由がないのにその業務上取り扱ったことについて知り得た秘密を漏らすこと（秘密漏示）が禁じられており、また、地方公務員や民生委員等については刑法以外の法令上、いわゆる守秘義務が定められていることから、これらと通告義務との関係が問題となるが、これらの者についても本条はなんら制限なく通告義務を課しており、また通告を受けた児童相談所等の職員に守秘義務がある等にかんがみれば、通告することは秘密漏示や守秘義務違反に当たることにはならないものと解される。」というのが厚生省の通知である(18)。

精神保健及び精神障害者福祉に関する法律二三条一項は「精神障害者又はその疑いのある者を知った者は、誰でも、その者について指定医の診察及び必要な保護を都道府県知事に申請することができる。」とし、さらに二四―二六条は、警察官、検察官、矯正施設の長の通報を規定している。ただし、これについては医師に関する特別の規定はない。この規定に基づく通報を刑法一三四条に掲げられている医師などが行った場合、守秘義務に違反するかについては説が分かれる(19)。

しかし、前記の児童福祉法も、この法律も、「誰でも」と規定しているだけであるから、一般人を念頭においたものであり、医師、弁護士が職務上知ったことにまで、刑法一三四条に優先して適用される規定とは理解できない。刑法の適用を排除するつもりなら、もっと明確な規定をおくべきである。もっとも、この厚生省の通知を信じて通報した医師は違法性の意識を欠くことで無罪と考える。

これに対し、感染症の予防及び感染症の患者に対する医療に関する法律一二条は一定の感染症に罹患した者の氏名、年齢、性別などを保健所を経由して都道府県知事に届け出る義務を医師に課しているので、医師の守秘義務の範囲外と理解される。

では、こうした特例規定がない場合には通報は守秘義務違反になるか。これは通報者の属する職種によって法規制が異なるので、秘密の範囲も多少異なってくる。

(2) 公務員

公務員の守秘義務に関しては、「秘密」とは、非公知の事項であって、実質的にもそれを秘密として保護するに値すると認められるものをいう（国家公務員法上の秘密に関する最決一九七七・一二・一九刑集三一巻七号一〇五三頁、最決一九七八・五・三一刑集三二巻三号四五七頁）。そして、不正は、内部では秘匿したくても、マル秘の判が押されていようと、実質的に保護に値することではないから、法的には秘密でなく、これを通報しても、守秘義務違反にはならないというべきである[20]。

なお、この問題について、守秘義務と内部告発の権利（あるいは内部告発をすべき義務）の衝突というとらえ方をする向きもある。その立場では、いずれの義務の履行が優先されるべきかという問題となる。しかし、筆者はそもそもこの場合には不正を秘密ととらえないので、義務の衝突以前の問題となる。

さらに、単なる不正ではなく、犯罪については、公務員はその職務を行うことにより犯罪があると思料するときは、告発しなければならない（刑訴法二三九条二項）から、これを怠れば、公務員法上は、法令遵守義務（国家公務員法九八条一項、地方公務員法三二条）違反で、懲戒事由に該当するというべきである。公務員の職務としての告発があまり行われていない現状が問題である。

(3) 民間企業職員

企業は、就業規則で守秘義務保持の義務を定めている。企業の内部情報は一般に保護に値する。しかも、企業職員は公務員と異なって、法令遵守義務を負わず、犯罪の告発義務も課されていない（告発は任意、刑訴法二三九条一項）。そして、組織人としては、組織内の不正行為については組織内で是正するように努力すべき義務がある場合もあろう。憲法二一条の保障する表現の自由は、従業員と会社内部の関係を規律するものではない（東京地判一九九七・五・二二労働判例七一八号一七頁）。また、会社内の旅費の不正使用とか社宅の管理の不正とか公私混同などであれば、それは一企業の問題であるから、社会に公表する必要性も低い。

しかし、取締役ではない従業員としては、組織を動かす力はなく、不正を問題にすればかえって、不利益を被る可能性も高い。そして、社会的な意味をもつ不正に関するかぎり法的保護に値しないのであるから、マスコミにセンセーショナルに公表するようなものはともかく、適切な手段による通報は守秘義務違反にならないと解すべきである[21]。少なくとも守秘義務を負う当局への通報には適用がないと解すべきであるし、さらに、これを適用してはならない（不正行為は秘密には当たらない）という法律を制定すべきである。

もちろん、犯罪を通報する義務はないので、犯罪を知っても、守秘を通すことは許容される。

判例をいくつかあげておく（これらの一部はhttp://www.consumer.go.jp/に掲載されている）。

●学園理事長の資金不正流用を理由とする理事長辞任要求行為が不法行為にならないとした例（東京高判二〇〇〇・八・七労働判例七九九号四五頁）。

●都市銀行における労基法違反の実態を記した出版物は労働者の使用者に対する正当な批判であるとして、この労働者に対する戒告処分を懲戒権の濫用として、無効とした例（三和銀行事件、大阪地判二〇〇〇・四・一七労働判例七九〇号四四頁）。

●病院内において抗生物質が過剰・不適切に投与され、これがいわゆるＭＲＳＡ（メチシリン耐性黄色ブドウ球菌）発生の原因になっているとの申告を保健所になした医師に対する解雇が、生命にかかわること、先に内部で改善を求めたこと、不当な目的はないこと、保健所への通報であること、保健所から不利益処分を受けていないこと等を考慮し、職務規律違反、名誉棄損等の解雇理由に該当しないとして無効とされた例（東京地判一九九五・一一・二七判時一五六二号一二六頁、判タ九一二号一七五頁）。

●在職中自分の会社を批判する新聞投書を理由に三カ月の懲戒処分に処されたことが相当とされた例（東京地判一九九七・五・二二労働判例七一八号一七頁）。

●工場内の有毒ガスにより従業員が危険にさらされていること、工場廃液の不完全な処理により水稲に被害が発生していることなどを記載したビラを組合員が工場付近の住民に配布した場合に、右ビラの内容の真実性は明らかでないが、その事実が存在すると信ずるにつき合理的理由があるとして、使用者はこれを正当な組合活動として受忍すべきであり、右行為を理由とする組合役員に対する懲戒解雇が権利濫用であるとされた事例（京都地裁峰山支判一九七一・三・一〇労民集二二巻二号一八七頁）。

●コメの不正販売を告発した組合の作業を手伝った労働者の行為は退職金支払いを不支給にできる背信行為ではないとされた例（東京地判二〇〇二・一〇・一八労働判例八三七号一一頁）。

●信用金庫が、職員を、顧客に関する信用情報等が記載された文書を不法に入手して、機密を漏えいし、かつ、その信用を失墜させたとして懲戒解雇した事案で、職員は、もっぱら同金庫内部の不正疑惑を解明する目的で行動していたもので、同金庫の利益に合致するところもあり、職員らの各行為の違法性が大きく減殺されることは明らかであるから、懲戒解雇することは相当性を欠くもので権利の濫用に当たり、懲戒解雇は無効であるとした事例（福岡高宮崎支判二〇〇二・七・二労働判例八三三号四八頁）。

●不特定多数の者がその内容を知り得るホームページ上に、自らが被告の新聞記者であることを明らかにした上で、被告の従業員として、あるいは被告の新聞記者として活動する中で知り得た事実や体験を題材として掲載していた場合、このような行為は、原告の被告における職務と密接に関連するものであるから、原告の行為が、企業秩序維持の観点から、就業規則に違反する懲戒処分事由に該当すると認められる場合において、被告が懲戒処分を行うことは許されるというべきであるとされた例（日本経済新聞社（記者ＨＰ）事件、東京地判二〇〇二・三・二五労働判例八二七号九一頁）。

私見ではいずれも妥当であり、この方向で立法化すべきだということである。

(4) 取締役

取締役は善管注意義務、忠実義務を負う（商法二五四条三項、二五四条の三、民法六四四条）。このことから、取締役は不正行為でも公にしない守秘義務を負うという考え方がある。

生命保険会社の退任取締役が週刊誌記者に会社の内部情報を漏洩したことにより、会社の醜聞を記載した週刊誌記事が公表されて会社の名誉・信用が毀損されたとする事案において、退任取締役の行為は、在職中に知りえた内部情報についての守秘義務に違反する違法な行為というべきであるとされたのである。ここで記者に提供された情報は、生命保険会社として守秘義務のある特定の融資先との融資取引の内容や千代田生命内の人事問題、経営問題にかかる社内の稟議の内容である。これらのいわゆる会社の内部情報が公表されれば、会社の業務執行に支障を来すことは明らかであり、これらの情報は、会社の機密に属する事項として法的保護の対象となるというべきであるということである（東京地判一九九九・二・一五判時一六七五号一〇七頁、判タ一〇二三号二二〇頁）[22]。

会社の不正行為であれば、世間に公表する前にとりあえず、取締役会など社内でその是正措置を講ずべき任務を負っているとも考えられる。しかし、重大な違法行為は秘密として保護されないという考え方にも説得力があるし、そうした社内の是正努力をした上であれば、それを公表することに違法性はないというべきである。

少なくとも、世間に公表するのではなく、守秘義務を負う特定の公的な告発センターに対する通報を守秘義務違反ではないとする立法は可能であろう。

この事件では、この内部情報は会社の不正行為とはされていないようであるし、他方、この元取締役は社長の失脚及びその体制の崩壊を意図して、本件情報漏洩を行ったと認定されているので、本来の通報として予定するものではない。

(5) 弁護士

弁護士法二三条によれば、弁護士は、刑事訴訟法一〇五条但書き、一四九条但書き、民事訴訟法一九七条二項の場合など法律に別段の定めがある場合以外は、秘密保持義務を負い、正当な理由なくしてこれを漏らせば刑法一三四条一項の秘密漏洩罪により処罰される。ここでいう「秘密」とは何か。あるいは、秘密を漏らしてよい「正当な理由」とは何か。

これは民事と刑事では異なりそうである。一般に議論されるのは、刑事である。刑事訴訟における弁護士の真実義務の存否、あるいは依頼者の信頼と真実との相克といったとらえ方がなされる（以下、刑事に限定して検討する）。

たとえば、殺人犯から、相談を受け、自首を進めたが、応じて貰えなかった場合、告発してよいか。法廷で無罪を主張している被告人が密かにその有罪を弁護士に告白した場合はどうか、身代わり犯の弁護をする場合、真犯人を明らかにしてよいか。顧問先の会社が蛸《たこ》配当、総会屋への金銭提供、違法なカルテルなどをしていることを知った場合はどうか。

この点では意見が激しく対立するところである。(23) 聞くところによれば、多数意見は、弁護士が、不正行為を依頼者から聞いた場合でも、これも隠し通さないと守秘義務違反になるということらしい。たとえ依頼者が有罪を告白しても無罪の弁護を希望すれば、説得できないかぎり、無罪の弁護をする必要がある。あるいは、少なくとも、無罪の証拠を検察官に提示させるように弁論する責任はある。もっとも、真実の発見（弁護士倫理七条）等の関係から事務を遂行できない場合には、辞任することができるが（たとえば同三四条など）、この場合でも、辞任後の守秘義務は継続することになるという。

その根拠として、次のような説明がある。弁護士は、依頼の趣旨を十分に理解し、その目的に添って誠実に職務を遂行するために、依頼者の秘密にふれざるをえない場合が多い。秘密を提供した依頼者は、よりよい助力を得るために必要と信じ、弁護士がこの限度をこえて他に漏らすことがないと信頼するが故にこそ自己の秘密について、本来秘匿したかったものを打ち明けるのである。このように、弁護士は、本来知りえなかった他人の秘密を、弁護士として依頼関係（委任関係）が生じたために知ることになったのであるから、依頼者が有していた秘密保持の権利を損なわないように万全の注意を払い、依頼者の信頼に応えなければならない義務を負う。以上のように、弁護士が依頼者の秘密を保持することは、弁護士の職務上不可欠な要素であり、この点に関する一般社会からの強固な信頼があってこそはじめて、弁護士の職務の基礎が確保されるのである。[24]

これについてはさらに専門的な文献もあり、[25] 本来細かい場合分けをして丁寧な検討をすべきところで、門外漢である上に刑事弁護の実務を知らない筆者が簡単に口を挟むことは難しい。

しかし、依頼者の弁護士への信頼という、右記の説明だけでは実定法の議論としては弱そうである。守秘義務の解釈論であるからには、憲法、弁護士法、弁護士会の制定した弁護士倫理に基づく理論が必要になる。

右記の信頼関係論だけなら、次のような疑問も生ずる。弁護士は顧客の利益を何でも守るべきではなく、正当な利益にかぎってこれを守る（弁護士倫理一九条）のが職責であるし、弁護士倫理上も、「正当な事由」なく漏洩してはならない（同二〇条）。また、「秘密」とは単に人に知られていない事実であるだけではなく、公にされないことに保護に値する理由があるものである。刑訴法の犯罪告発権は「何人」にも属し、弁護士を排除していない（刑訴法二三九条一項）。弁護士会は、正義の旗を掲げている（弁護士法一条、さらに弁護士倫理一条）。

そこで、依頼者の不正行為を秘匿することは「正当」と言えるかどうかが問題になる。右記の説明だけでは、なぜ「正当」かがわからない。違法行為を隠し通すことによる利益（不当な利益）はなぜ「正当」なのか。弁護士との委任契約で、不正を漏らすなという約定が行われたと仮定しても、その契約は弁護士倫理に反し、無効ではないかという疑問が生ずる。

また、違法行為を隠してくれという信頼は法の保護を受けるものだろうか。刑事弁護士は、不当に重い罪に処せられないように、冤罪にならないように弁護するだけが任務で、不当に軽くしてくれといった依頼には応えてはならない、これこそが社会正義ではないか。さもないと、黒を白と言いくるめる三百代言《さんびゃくだいげん》といわれかねない。弁護士倫理七条では、弁護士は、勝敗にとらわれて真実の発見をゆるがせにしてはならないとされている。

弁護士は違法行為を隠さず、正しいことだけを主張するからこそ、社会の信頼が確保でき、職業上の基礎が確保できるのではないか。

従業員なら、不正にも従わなければならない組織内のルールがあるかもしれないが、弁護士なら、事件の受任及び処理に当たって、自由かつ独立の立場を保持するように努めなければならない（弁護士倫理一八条）のだから、不正を隠し通すべきではないのではないか。

とりあえず、このように考えると、依頼者の犯罪を漏らすのは弁護士の守秘義務には違反しないように見える。

しかし、被疑者は、逮捕されても黙秘して通し（憲法三八条一項）、または、否認して、犯罪事実の立証を検察官の負担とすることができる。ところが、被疑者の相談を受けた弁護士がその犯罪事実を当局に通報してしまっては、これらの被疑者・被告人の権利を守ることができない。そこで、こうした権利の実質的な保障の観点から、刑事弁護人は、これらの黙秘、否認と矛盾する弁護活動をしてはならない。まして、依頼者の犯罪を当局に通報してはならないというべきである。そうすると、依頼者の犯罪事実を公にしないのは、「正当な利益」の擁護であるし、正義であると考える。

さらに、弁護士が犯罪事実を通報しては、どの弁護士にも依頼できなくなるから、刑事被告人の弁護人依頼権

（憲法三七条三項）を侵害する。そうすると、弁護士は、守秘義務を負う政府の告発センターや警察のような部署に対しても、通報することは許されないことになる。

しかし、重大犯罪人で、これからも罪を犯す可能性があれば、その告発は社会的に是非とも必要であるから、違法性を阻却するものであろう。

ただ、その基準は不明確であって、弁護士に過大な負担を課す。これに対し、アメリカの法曹協会（ＡＢＡ）の倫理規程モデル（ABA model rule 1・6）は非常に詳しい。守秘義務を免れるのは、死亡または重大な傷害を生じる可能性のある場合にかぎられ、脱税などの単なる法律違反では、守秘義務を免れることができないことになっているが、実際の規定は州ごとに定められ、州によっては単なる犯罪行為も守秘義務の対象外となっているようである。しかも、最近は緩和の傾向にあるらしい（日本弁護士連合会　司法改革調査室所属　弁護士・越智敏裕氏の教示による）。日弁連の倫理規程でも、「秘密」と不正行為の関係について明確に規定すべきではないかと思われる。

なお、一九九九年のモスクワＧ８閣僚会合で、適当な場合には「弁護士を含む国際金融取引のゲートキーパー（門番）」に「疑わしい取引」の届出義務を課し、罰則を設けることを考慮することが合意された。ＯＥＣＤ諸国でつくるＦＡＴＦ（金融活動作業部会）が現在検討している「四〇の勧告」の改正には、マネー・ローンダリング対策に伴う弁護士の守秘義務を制限し、依頼者の疑わしい取引・活動について金融監督機関に通報することが義務づけられる方向である。国際的には、こういう重大な犯罪については弁護士の守秘義務を制限していく動きにあるが、日弁連では、弁護士の守秘義務は職業の存立の基盤であり、弁護士と依頼者との信頼関係を根本的に覆す危険性があるという観点から反対する意見が多いようである。(26)

(6) 医　師

医師ならどうか。拳銃の撃ち合いで撃たれた、覚醒剤中毒にかかっているという患者が来た場合、治療はするが、警察に通報したのでは、患者は来なくなって、社会に病理をまき散らす。医師は犯罪を何とかしてくれといわれるのではなく、ケガ・病気を治すだけである。違法行為をしたが、ごまかしてほしいといって、弁護士のところに来るのとは性質を異にする。医師が届出すべき場合は法律で明示されている（たとえば、感染症の予防及び感染症の患者に対する医療に関する法律一二条）。そうすると、医師の守秘義務は、犯罪にも及ぶのが原則である。もちろん、これから犯罪をやろうとしていることを知った場合には、別であろう。

(7) 守秘義務と錯誤

では、ある事実を不正行為だと信じて通報したが、実は不正行為ではなかったとき、守秘義務違反になるか。これは法の不知であるから、故意があるとされよう。しかし、これでは告発者には大きなリスクなので、不正と信ずるにつき相当の理由があり、告発先も相当であれば（広く世間に知らせるのでなければ）、責任を阻却すると規定すべきである。特に、行政などに設置される告発センターなどに告発する場合には、そのところで、告発の内容の真偽を守秘義務のもとに審査するので、結果として虚偽であっても、マスコミを通じて公表するのとは異なって、虚偽でないと信じていた場合には（それに相当の理由がなくても）責任はないとすべきである。

このような制度があれば、通報者も、安心して通報できよう。

4　当局の適正処理義務と法規の点検体制の整備

(1) 当局の適正処理義務

現行法では、通報を受けた当局に処理ルールがないため、通報の真偽をきちんと解明するのに手間取るし、通報を信用しないで放置することが起きる。そうすると、通報する方も、「どうせ信用されないから」という理由で、通報に消極的になる。

次のような例が報道されている。

「コープ福婦：福岡県が内部告発に対し、調査・指導せず」　婦人会系の生協「コープ福婦」（福岡市博多区）のずさんな経理や、理事長の全国地婦連会長による「私物化」があると指摘された問題について、元職員や役員が〇一年から監督官庁の福岡県に内部告発していたにもかかわらず、十分な調査と指導をしていなかった疑いが強まった。告発者たちは「全国会長という立場に及び腰になったとしか思えない」と批判している。

福岡市城南区の元職員（六八）は退職直後の〇一年四月、生協を監督する県生活文化課を訪ね「会長が個人口座に生協から現金八〇万円を振り込ませたことなど、生協私物化の実態を説明した」という。

また、婦人会関係者によると〇一年一〇月の理事会後、役員から「帳簿の現金約二五〇〇万円は、本当に事務所にあるのか」と疑問の声が上がり、一一月理事会で専務代行は「一〇〇万円程度しかない」と告白。「このままでは役員の責任になる」と不安になった役員の一人がすぐに同課を訪ね、担当職員に経理資料を見せて調査と指導を依頼した。しかし関係者は「県から回答は来なかった」と口をそろえる。

また役員の約半数に当たる理事・監事一六人は二〇〇二年三月二九日、連名で麻生渡知事あてに「監督指導の要望書」を郵送した。この中で役員有志は「多くの不備があることを早くから把握しながら、指導を徹底しなかったことが混乱を生んだ」と県を批判。会長についても「帳簿上の数字の問題とあいまいな態度の事務方を追及しない」と告発した。この時も「県から何の返答もなかった」（ある役員）という。

生協法九五条は、生協の会計が著しく適正でない時、生協に必要な措置を取るように求め、従わない時は解散を命令できる権限を県に与えている。県生活文化課は「現金の不足は二〇〇一年二月、県生協連からの指摘で初めて知った」とし、「放置はしていない。組合員名簿の不備など数回指導をしてきた。責任問題も含め生協が自ら決める問題」と話している（毎日新聞二〇〇三年二月九日）。

そこで、当局は通報を受けたら、通報者の秘密を守りつつ誠実に処理しなければならないと規定すべきである。企業側はこの調査の過程で反論できる。

そして、権限ある監督官庁は、この調査の状況、処理の結果を、通報者からの問い合わせに応じて教示するように努めなければならないとすべきであろう。何でも通報することができる制度のもとでは、些細な案件、根拠薄弱な案件も多いであろうから、義務規定とするのは厳しすぎ、努力義務規定とした。

ところで、日本の官庁は、産業界や民間を、規制すると同時に保護するという二重の任務を負っているものが多い。厚生省薬務局がミドリ十字の非加熱製剤の在庫処理を放置して、エイズの蔓延を助長したのもそのためである。厚生省薬務局は、そのため、企業の育成を担当する医政局と規制を担当する医薬局に分離された。

そこで、この二重の任務を負っている役所では、違反を適切に処理するときに被通報者が受けるダメージの大きさを考慮して、通報の扱いに逡巡することがある。東電の不正修理の告発を受けた経済産業省の原子力安全・保安院が適切迅速に対応しなかったのも、その点に一因がある。

そこで、通報を受ける部署は、企業の保護育成に当たる部署とは分離すべきである。そして、安全上重要な問題であれば直ちに調査に着手し、それ以外でも、二カ月以内に調査の結果と理由を通知すること、それができない場合にはその理由と進捗《しんちょく》の見込みを伝えることなどと決めるべきである。ただし、それは、名前と連絡先を明らかにし、不正摘発の端緒となる情報が提供された場合に限定すべきであろう。

そのために特別の組織を必要としない事例も多いだろうが、原子炉の安全性のような問題は高度の専門的なものなので、行政の監視体制の強化が必要になるかもしれない。田邉朋行[27]は、東電事件において、告発の受理から事実と安全性の確認まで二年以上もかかったことを批判し、原発の場合、規制当局は、告発内容の真偽及び安全性への影響を検証するための手続並びにそのための組織体制と安全評価能力を備えるべきだと批判している。そうすると、規制当局は、相当の予算と専門技術者を擁する必要がある。行革の時代に組織の新設は困難であろうが、特殊法人の統廃合などの中で発生する余剰人員を配転するのが妥当ではなかろうか。

次に、通報者は、所管官庁への通報で効果を上げられない場合には、内閣府政府告発センター、会計検査院、地方公共団体の場合には監査委員などに是正措置の申立てをすることができるようにすべきである。

さらには、当局の不作為を指弾するしくみが必要である。一般的には職務怠慢を理由とする懲戒処分である。人事院は任命権者とは別に懲戒処分権を有する（国家公務員法八四条二項）ので、国家公務員の不作為については、人事院に対して処分の申立権を認めたらどうか。

(2)　過剰規制の適正化

他方、世の中には、法規が過大規制しているため、法規には触れるが、実質的に問題とするほどのことがないものが多い。建築基準法は、三大ざる法の一つといわれるほど守られていないが、それ自体が守らせるほどの価値がないルールだからである。吹き抜けに天井を張って物置を造れば容積率に違反し、駐車場に簡易な屋根をつければ建ぺい率に違反するといったものはその極端な例である。

国立大学の先生が朝九時に出勤しないと、勤務時間を守っていないことになるが、そんな法律に意味があるとは誰も信じていないだろう。

普段は黙認されているこの種のものも、違反として指摘されると、突然建前に戻って、遵守しないのは違法などと言われかねない。そうすると、現場では隠ぺいすることになる。

原子炉の安全性の規制について、東京電力が原発自主点検記録を改ざんしたのは、規制が厳しすぎることにも大きな理由がある。

原発の機器の技術基準は現在、設計時や製造時に適用する基準しかなく、運転開始後の機器についての基準は定められていない。このため、ひび割れや摩耗が見つかった場合、たとえ安全性に問題がなくても修理や交換が必要となる。そうすると、原発の稼働率が大幅に落ち、電力の安定供給や採算に大きな影響を及ぼす。

一方、アメリカやフランス、ドイツなど原発を運転中の先進国では、設計・製造時の基準と運転開始後の維持基準が明確に分かれており、安全であれば使い続けられるようになっている。国は現在に至るまで、原発の機器が常に「新品同様」であることを求めてきた。一方で、国に報告して修理や交換をすべき欠陥の定義はあいまいで、どこまでが新品同様なのかがはっきりしない。こうしたあいまいさが、東京電力と中部電力、東北電力における再循環系配管ひび割れの兆候隠しの温床になった。

原子力安全・保安院がまとめた維持基準案は、日本機械学会などが集めた科学的なデータと技術的な知見をもとに、「この部品でこの材料なら、この程度のひび割れまでは大丈夫」と詳細に規定している。原案通りに法令に組み込まれれば、現在隠ぺいが問題になっている各電力会社における原発のひび割れのほとんどは、一転「許容範囲内」となり、国の原発安全規制の大転換となる。

そして、原子力安全・保安院は二〇〇二年一一月五日、電気事業法・原子炉等規制法の改正案と独立行政法人原子力安全基盤機構法案の内容を公表した。このうち電気事業法・原子炉等規制法の改正は、原子力発電所での一連の不正発覚に伴う再発防止策として策定されたもので、（1）自主点検の定期的実施の義務化、（2）設備の健全性評価の実施・記録保管の義務化、（3）自主検査実施体制の審査、（4）必要なケースでの保守点検事業者からの報告徴収、（5）各種検査結果の原子力安全委員会への報告、（6）三年以下の懲役と三億円以下の罰金を最高とする罰則の強化など、緊急に必要な措置を盛り込んでいる。なお（1）～（3）は電気事業法のみに盛り込まれ、（4）～（6）は電気事業法・原子炉等規制法の二法に盛り込まれた（http://www.meti.go.jp/kohosys/press/0003316/）。

なお、経済産業省原子力安全・保安院が原発修理不正事件の背景にある共通要因を分析した中間報告（二〇〇二年一〇月一日）でも、国側も自主点検についてのルールを法令で定めず、規制制度の運用を明確化していなかったなどの問題点があったと指摘している（http://www.meti.go.jp/kohosys/press/0003216/）。

この電気事業法と原子炉等規制法の改正法、原子力安全機構新設法は二〇〇二年一二月成立した。軽微な傷なら運転継続を認める「維持基準」（健全性評価基準）の導入が決まった。一年以内に具体的基準を定める。

こうしたいい加減な法律に関して違反の通報があった場合、当局はそれを守らせるのではなく、法規の見直しを提言するしくみをつくるべきである。

前記の国立大学教員の出勤時間など、違反を摘発するよりも、早急に裁量労働制に移行すべきである。人事院に設置された「大学教官の勤務時間の在り方に関する研究会」は、国立大学教員の勤務時間規制をやめ、裁量労働に変える改革案を提出した（一九九九年一一月）。その早期実現が望まれる。しかし、国立大学の独立法人化が実現すると、それには労働基準法が適用されるので、そちらの規制にゆだねるべきかという問題が生じて、先送りになっているようである。必要なものはさっさと実現すべきである。

5　司法取引の導入

違法行為にかかわっていた者からの通報は一般に期待しにくい。そこで、アメリカで行われている司法取引(28)を導入して、一定の重大な犯罪を通報すれば、その者の犯罪を免責とする規定をおくべきである。ただし、これはその犯罪の主犯格以外の者についてとする。たとえば、総会屋買収や蛸《たこ》配当をしている会社の代表取締役や責任ある幹部社員が自首しても、それを免責するわけにはいかない。従業員が自首すれば、その者が違法行為にかかわっていても、それを免責するとして、会社や取締役の違法行為の摘発を容易にするのが合理的である。また、入札談合をした会社のうち一社の幹部が自首したら、その会社の関係者を免責し、他の会社を一網打尽にするのが合理的である。

なお、自首減免は、刑法四二条では、刑を「減軽」することが「できる」とされているだけであるが、銃刀法では、同法違反のうち拳銃の所持や譲り受け、輸入などについて、拳銃を提出して自首したときは「軽減し又は免除」「する」と義務的になっている（三一条の五・一二・一三）。

また、刑法では、「捜査機関に発覚する前に自首したとき」という要件があるが、銃刀法ではこの要件を省いている。拳銃の回収のためである。私見はこれをさらに進め、「捜査機関に発覚したことを知らずに自首したとき」は刑を免除するとすべきである。

6　行政取引ないし通報者への行政処分の軽減制度も必要

通報者自身が不正行為にかかわっていた場合には刑事処分のほか行政処分も受けることがあるので、後者も軽減する必要がある。

独禁法の課徴金は機械的に計算され、公正取引委員会には納付を命ずるかどうか、その額について裁量がない（独禁法七条の二）ところから、通報者が課徴金を課される場合には、それを減免する制度を特に創設する必要がある。これについては、課徴金を不当利得剥奪として捉えている現行法のもとでは、裁量減免は難しいという反論があるが、不当利得返還請求権を一部放棄する制度もありうるのである。現に生活保護費を不正受給した者に対する返還請求も、全部または「一部返還を命ずることができる」とされている（生活保護法七九条）。

これに対して、一般の行政処分なら、特に処分を軽減するという規定がなくても、処分をするかどうか、処分の量定については、処分権者に裁量があるところから、通報による社会への貢献を考慮しなければならず、その分軽減しなければならないと解される。しかし、明文のルールがあればなおよい。

雪印食品の牛肉偽造事件を告発した西宮冷蔵が先に虚偽の証明書を発行したことで、一週間の営業停止処分を受けたが、これでは後に続く取引先はない。むしろこの会社は怠慢な役人に代わって牛肉偽造事件を公にしたのだし、その社会貢献の大きさにかんがみ、処分をしないこととすべきではなかったか[29]。この種のものは処分してはならないと決めるべきである。

7 通報した第三者の支援

取引先が通報すると、仲間を裏切ったと取引が拒絶されることがある。前記の西宮冷蔵はこうした憂き目にあったことも一因で、倒産した。そうした取引拒絶を違法として取り締まるのは難しい。そこで、通報した会社を支援するしくみが必要である。目下、取引拒絶をしてはならないという行政指導くらいしか思いつかないが。

8 名誉毀損との関係

前記のように通報者が特別のしくみで保護される通報先は監督官庁などに限定すべきである。ビラを配布したり、週刊誌に情報を提供したりするのは、本提案で作成される法律の保護を受けない。刑法と不法行為法という一般法の基準により責任を負わなければならない。千代田生命事件（本書五三頁参照）はその種のものである。もっとも、その通報が刑法、不法行為法上の責任を生じない場合には、労働法上も保護されることとすべきである。

刑事法では、法律の上では、公共の利害にかかるもので、個人の恨みなどではなく、専ら公益を図るためである場合に真実の証明ができてはじめて無罪である（刑法二三〇条の二）が、判例では、「真実であると誤信し、その誤信したことについて、確実な資料、根拠に照らし相当の理由があるときは、犯罪の故意がなく、名誉毀損罪は成立しない」（最大判一九六九・六・二五刑集二三巻七号九七五頁）とされている。

民事上の不法行為たる名誉毀損については、「その行為が公共の利害に関する事実に係りもっぱら公益を図る目的に出た場合には、摘示された事実が真実であることが証明されたときは、右行為には違法性がなく、不法行為は成立しないものと解するのが相当であり、もし、右事実が真実であることが証明されなくても、その行為者においてその事実を真実と信ずるについて相当の理由があるときには、右行為には故意もしくは過失がなく、結局、不法行為は成立しない」ものと解されている（最判一九六六・六・二三民集二〇巻五号一一一八頁）。

これは通報者に厳しいように見える。そこで、内部告発の根拠は言論の自由であり、通報者の言論の自由を保障するためにこれを緩和するべきだという意見もあろう。(30) しかし、もともと、右の刑事判例は、「刑法二三〇条ノ二の規定は、人格権としての個人の名誉の保護と、憲法二一条による正当な言論の保障との調和をはかったものというべきであり、これら両者間の調和と均衡を考慮」して下されたものであり、不正行為をしたとして通報される方の保護も必要なので、むしろここで述べるような通報ルートを正式に作って、そのかぎりで通報者を特別に保護することとし、そのルートで通報しない以上は一般の責任を負わされるのはやむをえないというべきである。

最近の報道から、この種の例を紹介する。

〈カルテ流出〉医療事故カルテ盗みＨＰで告発、病院元助手に有罪　和歌山県立医大病院で起きた医療事故をめぐり、患者のカルテなどを記録した光磁気ディスク（ＭＯ）を盗み、教授が改竄《かいざん》したとの内容をホームページ（ＨＰ）で公開したとして、窃盗と名誉棄損罪などに問われた同病院元助手で医師のＯ被告（四二）に対する判決が二〇〇三年二月一四日和歌山地裁で下された。病院が医療事故を隠ぺいしたことの公表が公益目的にかなうか否かなどが争点だったが、裁判長は「内容は事実無根で、教授を逆恨みした報復目的の犯行。インターネットが急速に普及している社会で複数のＨＰに掲載し、利用者がいつでも容易にアクセスして閲覧できるようにした行為は悪質」として、O被告に懲役二年、執行猶予三年（求刑・懲役二年）を言い渡した。

医療事故は一九九四年一〇月、県立医大病院の看護師が生後四か月の女児の静脈にミルクを誤注入、女児は約一か月後に死亡した。小野被告はこの女児のカルテなどをHPで公開し、当時助教授だった教授が事故に関する部分を削除して看護記録を書き直すよう指示した、と実名で公表した。

公判では、被告側が「教授が看護記録を改ざんさせたのは事実。社会的に問題提起すべき内容」と公益目的の無罪を主張。検察側は看護師の証言などをもとに、O被告が看護師にカルテ改竄《かいざん》を指示したとし、教授への恨みを晴らすためにHPで公開した「逆恨み」としていた。

判決によると、O被告は九九年六月から九月にかけて、偽名でインターネット上に開設した三件のHPに、教授が女児の看護記録を看護師に書き直させるなど医療事故を隠ぺいしたとの内容を掲載し、教授の名誉を傷つけた。

掲載されたHPの内容について裁判長は「看護記録を書き直させたなどの事実はなく、単なる誹謗《ひぼう》中傷に等しい」と指摘、逆恨みの理由は「被告の言動を教授に注意されたこと」とした。

また、九八年四月下旬から翌年五月上旬までの間、MO一三枚を窃取したとされた事件について、検察側はMOが盗まれた時期や場所を特定していなかったが、判決は「HPのカルテはMOから読み出したものと考えて矛盾はない。窃取する機会も動機も存在し、HPの内容に信ぴょう性を持たせるためMOを窃取するなどした」とした。被告側は「第三者から渡された」とし、盗んだことを否定していた。（読売新聞二〇〇三年二月一四日）。

四　通報褒賞金の法制度設計

1　内部告発者保護法制では不十分

前記の内部告発者保護制度だけでは、保護されてもともとで、現実には必ずしも保護されないことが起きる。通報したことは守秘義務により守られるはずではあるが、調査などが入ると、どこかでうすうすは気がつかれ、通報者は、別の理由で免職になる、左遷される、知人を失う、取引先を失うなどのリスクは残る。もし、解雇された場合、長年の裁判で勝訴しても、実際上は適切な処遇を受けることは困難だろうし、解雇されなくても、一生冷遇される可能性がある。遠方への配置転換や、過酷な職種への変更などがなされた場合も、内部告発による不利益変更だという証明をすることができない場合もあろう。まして、出勤したら、誰も話してくれないという集団イジメにあっても、司法救済の方法はない。結局は、内部告発者保護法制をいくら整備しても、こうしたリスクを覚悟して通報する気が起きる人は決して多くはないだろう。その結果、依然として、多くの不正が露見しないで済むであろう。

また、かりに法律がいくら保護してくれようと、そもそも、自分の勤務する組織の違法行為を告発して、そのままとどまることが実際上可能であろうか。同僚から、仲間を裏切ったと白眼視されることに耐えられる人は少ない。したがって、私見では、内部告発は、その組織に未練があってはできない。その組織から飛び出す覚悟、つまりは、退職金を放棄し、数年は浪人する覚悟が必要であろう。そうすると、それにより被る損失を補填することが必要になる。特に防止する必要性が高い重大な不正に関しては、相応の褒賞金を用意すべきである。これについて、褒賞金という用語に違和感があるのであれば、補償金でもよい。しかし、私見としては、金銭を提供すべきなのは、内部告発だけではなく、元社員とか外部の取引先などもあるから、単に補償金に限られないとして、褒賞金としている。

これに対し、内部告発は社会正義を目的になされるべきであるという観点から、褒賞金に違和感をもつ向きもあろう。しかし、社会正義のための行動は何も内部告発に限られない。弁護士は社会正義を行動基準にしているはずであるが、立派に報酬を得ているし、裁判官も正義を実現しようとしているが、公務員の中では破格の高給を得ている。社会正義を実現して正当な報酬を得るのは決しておかしいことではない。まして、損失補塡を得るのは当然のことである。また、内部告発により不正を正すことができれば、大きな社会正義を実現できるのであるから、社会としては、褒賞金をどんどん出して、どんどん不正を摘発する方がよいのである。

内部告発に褒賞金がつけば暗い社会になるという、よくある批判に対しては、すでに反論したところであるが、さらに、違法行為が露見しないで、不正者が利得を得る社会こそ暗い社会であり、告発によるものであれ、不正が一掃される社会は、私は明るい社会だと思う。そして、不正を防止して、税収は数兆円増収になり、補助金などの無駄、入札談合による不当な支出が防止されれば、国家・地方財政の危機も緩和され、あるいは減税されて、正直者には明るい社会になると思われる。

せっかく公益のために通報したのに、金目当てといわれると気の毒という意見もあるが、そう思う通報者は褒賞金を辞退すればよい。褒賞金を辞退しなければ、金目当てとも言えるが、勤労も会社経営も株取引も銀行貯金もみな金が主たる目的であるから、金目当ても、正当なものなら、非難に値しないのである。金目当てがすべて悪いなどという、聖人君子の倫理観で世の中を運営できるわけはない。

もちろん、内部告発をしても、本書のような提案が実現すれば、通報先の当局が秘密を守るので、不利益を受けないことも少なくないだろう。そうすると、褒賞金で儲けすぎるのではないかという問題もあるが、これについては、褒賞金の額の算定で考慮することとすればよい。

2　通報はオリジナルな証拠をもって

では、通報褒賞金の制度をどのように設計すべきか。前記のように、通報は誰でもできるし、自然人とは限らず、たとえば労働組合でもＮＰＯでもよいとする。労働者、公務員などに限定すべきではない。

単に不正をしているというだけの通報では、たとえそれが当たっていても、褒賞金の対象とすべきではない。それに褒賞金を出すと、褒賞金目当ての根拠の薄い（数打てば当たる類の）通報、あるいは人員削減や解雇逃れ、恨み、トラブルなどにからむ通報が異常に増大し、当局が調査のために大変な負担を負うことになるからである。もともと戦後一時期導入された脱税通報制度が廃止された理由の一つはこうした経験にある。

そこで、褒賞金の支給は、オリジナルな証拠をもって通報することを要件とすべきである。入札談合に関する前記の星取表がその例である。通報者が独自に入手したものに限る。新聞記事などを証拠として通報しても価値がない。

3　重大な不正に限る

(1)　不正とは

不正とは、前記の通報者保護の場合と同様に、広く、不正または、違法な行為、さらには、法律で規制されていなくても、人の健康または安全に対する危険や環境破壊を惹起する行為、これらの行為の故意または過失による隠匿を含むとする。

(2) 重大性

内部告発者保護制度だけでもそれなりに不正告発奨励効果がある。通報褒賞金制度を小さな違法行為にまで適用すると、数が増え、当局も通報の処理だけに追われる可能性もあるので、褒賞金を出すのは特に重大な違法に限定すべきである。鉱山保安法三八条は、単なる通報についても、違法のほか、危害発生又はその蓋然性が高い場合という要件をおく。ただし、前記の田邉朋行の調査によれば、この違法性要件は形骸化して、危害発生又はその蓋然性が高い場合の要件で判断されているという。

小中学校の先生が夏期自宅研修中本当に研修しているのかが問題になり、ある自治体では、先生は夏休み中、学校に出勤するようになったという。意見は分かれようが、私見では、先生を学校に集めたところで、まじめに研修しているという保証はない。自宅研修でよいから、成果を要求する方が筋である。したがって、私見では、先生が自宅研修中に散歩していようとたいした問題ではない。

終電前にタクシーの公用チケットを使用したことを理由に住民訴訟で賠償を命じられた事件がある（大阪地裁二〇〇二年九月二六日判決、最高裁ＨＰより）が、もしそれが残業手当がたりないことの代償であれば、重大な違法とはいえないだろう。もっとも、この事件ではそのようには認定されていないが、残業手当は残業の実績に応じては払われていないようである。むしろ、勤務管理がルーズな印象を受ける。不要な残業をさせない代わりに、残業手当をきちんと払うことのほか、タクシー代が高い場合、ホテルの借り上げ制度、自宅に帰れないことを理由とする手当てを創設することも考えられる。

桐生市では、ゴミ捨て通報に一万円の報償金を出す「不法投棄防止条例」を二〇〇一年三月に制定した。この条例の本則では、「市民等は、ごみ等の不法投棄又は不法投棄者を発見したときは、速やかに市長に情報提供するものとする」とだけ定めているが、規則において、「不法投棄と認められる情報の提供者には、不法投棄者が判明した場合に、報償を行なうものとする。報償の額は、一件当たり一〇〇〇〇円とする。報償の対象となる情報提供は、環境保全に影響を与えるものと思われる一般廃棄物、産業廃棄物、家庭電気製品及び家具等を不法投棄した者を通報した場合を対象とし、空き缶、空きびん等を不法投棄した場合を除く」となっている。通報された車の番号や、投棄されたごみの中から不法投棄者が判明した事案で現実に報償金が支払われたという。もし、不法投棄者が否定すると、現場に隠れて写真でも撮らないと証拠にはならないが、そこまで要求してはいないということである。

千葉県の八千代市不法投棄防止条例（二〇〇二年一〇月一日施行）も、ごみの不法投棄に対する市民全員の監視、不法投棄情報提供者への報償金支給を盛り込んでいる。

「私たちが住む八千代市の環境を守るため、市民一人ひとりが監視役になり、不法投棄をしている現場や不法投棄物を見つけた場合は、市役所クリーン推進課（TEL 四八三 ― 一一五一）へ連絡して下さい。発見した日時、場所、ごみの種類、量、特徴などを教えて下さい。そして、（1）投棄されたごみが良好な生活環境の確保に支障があり、（2）不法投棄を行った者が判明し、（3）不法投棄を行った者自らごみを撤去したとき。このすべての項目に該当した場合、一万円の報償金を支給いたします」という（規則二条）。

「ただし、すでに市が把握している場所は対象になりません。また、同じ場所について複数の情報提供があった場合は、第一通報者が対象となります」というが、その根拠は条文上は不明である。

私見では、これでは一億総スパイ制度になりかねず、ちょっといきすぎかという気がする。少なくとも本書ではそこまでの制度を提言するものではない。廃棄物の不法投棄については、筆者は、企業がダンプで運ぶ大がかりなものを念頭におく。

高度のプライバシーにかかわることは、通報制度で違反を摘発できるメリットよりも、プライバシーを侵害する弊害を重視すべきであろう。たとえば、生活保護を受けつつ、実は、働けるのに働かないとか、貯金や所得がある者がいるといわれる。濫給といわれるものである。ケースワーカーは、被保護者の行動を二四時間監視できるわけではないから、こうした事態を防げない。これについて通報制度をおけば、誰それさんは、生活保護を受けているのではないか、それにしては、遊んでいる、バーにも行っている、ケースワーカーが来ないときは、立派な服を着ている、車も保有している、といった通報がたくさんなされるであろう。しかし、そうすると、通報するために、個人の行動を監視する人もいるだろう。証拠がある方が通報の寄与度が高いという前述の説によれば、写真を撮ったりする者もでよう。これはやりすぎと考える。

原子炉の自主点検記録の改ざんについては、安全性に影響するものであってはじめて、重大というべきである。そうすると、たとえば、褒賞金の根拠となる法律や条例では、その対象となる行為と必要な証明手段を規定すべきである。たとえば、脱税では脱税額一〇〇〇万円以上とかに限定し、記録などのコピーを提出することとすればよい。入札談合も、何千万円以上の入札で、談合の証拠を提出することとする。談合にさいしては各社の割当のメモくらいはあるはずであるから、それを提出させるのである。廃棄物の不法投棄なら、有害物質何トン以上の投棄にかかる事案とする。

4 請求権

褒賞金を支給するかどうかを当局の裁量とする制度もありうるが、それでは、通報する気が起きる人は少ないだろう。したがって、重大な違法事実につき証拠を添えて通報した者は適正な褒賞金を受け取る権利があることとする。当局がすでに内偵していたから、結果として寄与度が低い場合でも、それは結果論であり、前記の不利益を覚悟して通告したのであるから、褒賞金の金額を減額するかどうかという問題はあっても、褒賞金自体の請求権は有することとする。

褒賞金請求権はその犯罪の主犯格の者には認めない。たとえば、入札談合をしている会社の代表取締役が自首しても褒賞金は支給しない。もしそれを認めれば、人殺しの主犯格の者が自首すれば褒賞金を貰えると同じことになるからである。従業員が名乗り出たときに、褒賞金を貰え、会社と責任者が処罰されるしくみとするのである。労働者が残業手当の不払いとか、社内の労働環境の不備を訴える場合には、解雇その他不利益取扱いをしてはならないという規定にもかかわらず、不利益取扱いがなされる可能性があるので、相当の動機づけが必要だと言えないこともない。しかし、この場合には通報は自分のためであって公益のためとは言えないので、褒賞金は出さないこととする。

5　褒賞金の額

褒賞金の額は、不正発覚に対するその通報の寄与度、通報者のリスクの大きさ、不正発覚により得られる社会的な利益を考慮して決定する。そのリスクは在職中の者と元社員では大きく異なる。在職中の者は、通報すれば、内部告発者保護制度を導入してもなお内部で不利益に扱われるリスクがあるので、退職金なしで免職になっても損をしないくらいの額でないと、通報しない可能性が高い。もっとも、在職中の者が全員告発する必要はなく、多数の関与者の一人、特に元社員の一人でも告発するという危険があれば、経営者は時限爆弾を抱えるようなもので、違法行為をしないものである。そこで、褒賞金の額はこれらを考慮して、個別の通報褒賞金制度ごとに定めるべきである。

単に強盗犯人の情報提供とか、他人の脱税の情報なら、それほど高くなくてよい。しかし、入管法六六条の定める最高五万円では安すぎるだろう。

そして、通報したが、期待した額の褒賞金が得られないのでは、以後、通報する者が激減する。そこで、褒賞金の額をできるだけ事前に確定して、できるだけ機械的に適用できるようなルールを設けるべきである。

入札談合や脱税、社会保険料の詐取など、金銭的な不正では、その一定の割合内で上限を五〇〇〇万円などとすればよい。アメリカの連邦不正請求法（False Claims Act）の発想である。韓国の腐敗防止法でも、報賞金制度がある。そして、在職中の者には高く、それ以外は安く設定すればよい。

しかし、生命、健康、財産、安全、環境などに対する重大な影響といった例のように、寄与度に応じた褒賞金額を事前に決めにくい場合も多い。たとえば、廃棄物の不法投棄であれば、単なる冷蔵庫一個の不法投棄と、企業による大がかりな不法投棄とは同一には論じられない。産廃の不法投棄では、業者にとっては不法投棄によって得られる利益が基準であるが、行政にとってはこれを放置した場合に生ずる費用・負担が課題である。しかし、この告発がなければいつまで放置されるかはわからない。そこで、利益や費用は基準にならない。

廃棄物の大がかりな不法投棄を通報した社員は、会社を辞めざるをえなくなり、再就職のさいには、履歴書から辞めた事情がわかって、雇用主から敬遠され、当分は浪人を覚悟せざるをえないし、場合によっては命を狙われるかもしれない。しかし、全員が名乗り出る必要はない。何人かの従業員のうちの一人がきちんと証拠をそろえて名乗り出ると見込まれると考えるかどうかが基準であろう。業界の賃金水準や退職金水準も考慮されよう。

実験していけば、自然に相場ができるだろう。一〇〇〇万円とか二〇〇〇万円はどうであろうか。

さらに、必要があれば裁判で証人として証言する者には褒賞金を割増するのが妥当である。

6　褒賞金の配分

複数の通報がある場合、褒賞金の配分が問題になる。場合によっては、先を争って、通報する者が出て、褒賞金がたりなくなる可能性もある。それぞれの寄与度に応じて一定の配分をすることとすべきである。こうした褒賞金の請求権の有無や額、配分について判定する専門家をあらかじめ任命しておくことも必要になる。

いずれにしても、褒賞金請求権の有無、額、配分などについては当局にある程度裁量が残る。そこで、これを決定するのが行政であれば、この褒賞金支給（拒否）決定を行政処分として、これに対して行政訴訟を提起するという構成も考えられる。しかし、これは単なる給付行為であるし、行政に裁量を認めないという構成となるので、民事訴訟で請求できることとするべきである。ただ、それも費用がかかるので、政府告発センター（自治体の場合にも同様のものを設置する）に審査の申出をすることもできるとすべきである。

7　公務員の告発義務の強化と褒賞金の不払い

現行法では、公務員についてはその職務を行うことにより犯罪があると思料するときは、告発する義務がある（刑訴法二三九条二項、独禁法七三条）。これは守秘義務の対象外であるが、その不作為について処罰規定はないし、懲戒処分事由には該当するはずだが、実際上処分された例は、寡聞にして聞いたことがないので、実効性がたりないと思われる。一般市民は告発することが「できる」（刑訴法二三九条一項）というだけである。これを一段と厳しくし、一般市民についても、一定以上の（たとえば、脱税一〇〇〇万円以上とか）違法行為を知ったら告発しなければならないと個別法で定めるとともに（ただし、処罰規定はおかない）、公務員については、告発義務の懈怠を処罰すること、懲戒事由に当たることを明示すべきである。まして、警察官が犯罪を知ったのに告発しなかったら厳罰に処することとすべきである。これこそが警察の不祥事を撲滅する特効薬である。

さらには、公務員が職務上不正を知ったのに告発しなかったために被害が生じたような場合、たとえば薬の重大な副作用を放置した場合、最近は厚生省薬務局の事件に見られるように不作為による業務上過失致死罪に問われるようなことも起きている。

他方、通報褒賞金は、公務員が職務上不正を知った場合には適用しないとする。もし、公務員が職務上不正を知った場合でも、通報すれば褒賞金を貰えるとすれば、警察官とか査察をする公務員は儲かってしょうがないことになり、それではいかにもいきすぎだからである。

そうすると、結局は公務員が不正を知らなかったことにしてしまう可能性もあるが、これについては前記のように懲戒処分をもって臨むこととするのが筋である。

8　褒賞金の財源

褒賞金を数千万円とすれば、高いとか財源がないという反論が出るが、褒賞金制度により不正行為を抑止すれば、税収が上がり、廃棄物の不法投棄や入札談合がなくなり、役所内部の不正経理もなくなるなど、社会はその分豊かになる。廃棄物の不法投棄を例とすれば、行政としても監視費用・原状回復費用を節減できる。褒賞金を払っても、たくさんお釣りが来るだろう。それに、そうした制度が導入されれば、不正をかなり減らせるから、褒賞金を用意しても、結局はあまり使われないことになるだろう。

不法投棄の原状回復に巨額の費用が必要なので、都道府県だけの負担とせずに国庫助成する法案（特定産業廃棄物に起因する支障の除去等に関する特別措置法案）が二〇〇三年の国会に提出されているが、私見のような発想を早期に立法化していれば、そうした無駄も極小化できたのである。

刑事罰の罰金を財源とするのもいいアイデアであろう。なお、森下忠は二〇〇二年一月二八日に東京弁護士会開催のシンポで、アメリカの褒賞金は三倍額賠償制度を財源としているので、日本にそのまま輸入できないという趣旨の発言をしたが、そんな制度がない日本でも、このように財源はあるのである。

さらに、行政監視の受益者は、一般国民であると同時に、善良な業者である。違法業者が取り締まられれば、その分善良な業者にチャンスが回ってくるからである。そこで、善良な業者が集まって、通報褒賞金基金をつくって、当局に協力すべきであろう。

9　国民訴訟褒賞金

告発にかかる不正行為の是正により国の財産上の利益が回復される場合には、会計検査院への告発制度をおき、そこで認められなければ誰でも国に代わって訴訟を提起できるとする国民訴訟を導入すべきである。地方公共団体レベルで認められている住民訴訟に倣うのである。そして、日本の住民訴訟では、弁護士費用のうち相当分が回復されるだけである（地方自治法二四二条の二第七項。二〇〇二年改正前はいわゆる四号請求だけ。改正後はすべての住民訴訟に）が、これらの訴訟の勝訴者には、一定割合の褒賞金を与えるべきである。これはアメリカのいわゆるクイ・タム（Qui Tam）訴訟[31]のしくみに近い。

五　濫用の防止

1　濫用なし

内部告発者の保護や褒賞金の提案に対しては、誹謗中傷に使われ、濫用される弊害を指摘する声がある。たしかに、現在でも、どうせ、怪文書や内部告発などの形で、実に様々な告発が行われているのである。これらのなかには、他人を陥れるための罠であったり、不満分子による不満のはけ口であったりするものも少なくなかろう。

しかし、前記の内部告発者の保護を強化するだけでは、濫用の奨励にはならないし、私見の提案では、当局が公表前に通報内容を吟味するので、偽情報によって陥れられる者はまず出ないはずである。褒賞金を支給されるのは、単なる通報ではなく、重大な不正について、オリジナルな証拠をそろえて通報する者に限るのであるから、濫用されることもまずない。私見は現状を悪化させる心配はなく、むしろ大幅に改善するだろう。

なお、重大な不正である以上は、通報の目的に怨恨、報復など、公益目的以外の目的が混入していても問題ではない。不正をするのが悪いのであるから、これを濫用とは考えない。

2　虚偽の証拠対策

虚偽の証拠により他人を陥れようとしたり、褒賞金を狙う者もいるだろう。それは濫用と言える。

たとえば、麻薬犯については、褒賞金目当ての虚偽通報がありうる。東南アジアでは麻薬犯取締りの褒賞金があるため、他人の鞄に麻薬を入れて通報する者がいるという。警察が鞄を調べるとたしかに麻薬が入っているので、鞄の持ち主は重罪に処せられ、通報者は褒賞金を得るというのである。(32)

人を罪に陥れようと、証拠をねつ造して通報した者は、民事上の不法行為になるほか、現行法では虚偽告訴罪（刑法一七二条、懲役一〇年まで）で処罰されるが、これは絶対に防止しなければならないので、陥れられる人が科せられる罪より重い刑に処すべきである。

それから、このように他人が犯罪の証拠をねつ造することが容易な犯罪、たとえば麻薬所持罪には通報褒賞金制度を適用しないとすべきである。しかし、前記の脱税、入札談合、機密費の流用などは、証拠をそろえて告発するという条件であるかぎり、虚偽の証拠による告発は困難であろう。もちろん、コピーを偽造することも可能であるが、それについては前述のように厳罰に処する。

六　法的整備の方向

1　国法の整備

まずは、すべての行政領域に共通の一般法をつくり、個別の担当官庁が政省令によりその具体化を図るのが理想である。特に司法取引まで入れるなら、法務省まで巻き込んだ一般法が必要である。しかし、個別の官庁がそれぞれ自らの所管領域で法整備をすることも、それなりに可能である。

また、褒賞金制度を整備しなくても、内部告発者を保護する制度だけは不可欠である。

過大な規制を整理し、通報を適切に処理するための行政組織の整備は必要であるが、それをしなくても、通報を奨励すべき場合も少なくない。脱税とか医療費の不正請求とか前述の例の多くはそうであろう。

2　条例でも対応可能

通報褒賞金の制度は、国の法律で定めるべきで、地方公共団体では対応できない部分が少なくない。前記の刑罰の強化、私法行為の無効化、司法取引の導入、内部告発者保護規定などがそうである。

しかし、地方公共団体だけで対応できるものもある。たとえば、地方公共団体の入札が談合で妨害されないようにするためには、わが団体の発注する入札において談合があることを証拠を添えて通報した者には、たとえば、その寄与度と犯した危険を考慮して、最高数千万円までの褒賞金を支給するとし、審査委員会を設置することとするのである。そして、守秘義務違反の処罰の強化、通報者探しの処罰も当該自治体の職員に関するかぎり条例で規定できるだろう。

3　経過措置

私見に理論的には賛成だ、しかし、困るという向きも少なくないだろう。その本音は、これからは不正をしないつもりだが、これまでの不正がばれたら困ってしまうという点にあるのではないかと推測する。それなら、本法の施行を公布から一年先に延ばし、さらに、過去の不正には適用しないこととするべきであろう。それでもなおこの内部告発者保護・褒賞金制度の導入に反対するのは、これからも不正をやりそうな者に限るのではなかろうか。

注

（1）宝島別冊『ドキュメント！　内部告発』（二〇〇二年）は、雪印食品牛肉偽装事件、野村證券利益供与事件、トナミ運輸ヤミカルテル事件、東京電力・原発トラブル隠蔽事件、外務省宗男告発事件、三菱自動車イコール隠し事件、大阪証券取引所仮装売買事件、甲府医療身代わり出廷・偽装工作事件などについて、違法工作と内部告発の実情を生々しく紹介している。

（2）今年の人、「内部告発」の三女性に［米誌タイム］

米誌タイム最新号は、恒例の「パーソンズ・オブ・ザ・イヤー（今年の人）」に、米連邦捜査局（ＦＢＩ）のミネアポリス支局法務部長コリン・ローリー氏、米エネルギー大手エンロンの副社長だったシェロン・ワトキンズ氏、ワールドコムで副社長の会計士を務めたシンシア・クーパー氏と、それぞれ「内部告発」を行った女性三人を選んだ。

三人は、それぞれ所属の組織の幹部だったが、ＦＢＩのテロ対策の遅れや、エンロン、ワールドコムの不正経理をそれぞれ告発。タイム誌は、三女性の「曇りのない目と勇気」をたたえ、「企業や政府への信頼回復に向けて立ち上がった普通の人であり、組織への信頼が揺らいだこの一年を代表している」と選考理由をあげた。

米国で「ホイッスル・ブロウアー」と呼ばれる内部告発者。同誌の世論調査では、五五％の人が「ヒーロー（英雄）」であると考え、七三％がもし職場で不正なことを目撃すれば「自分も告発する」と答えている（読売新聞二〇〇二年一二月二二日）。

（3）第一四六回国会衆議院科学技術委員会第三号（一九九九年一一月一七日）、同四号（同一九日）など。

（4）ここで関係する外国法の文献をあげておく。

森尾成之「アメリカ連邦法における内部告発者保護・促進法制」『法政策研究　法政策学の試み　第四集』（信山社、二〇〇二年）九九頁以下、白石賢「公益通報制度の体系的立法化に向けての一考察——内部告発者保護から公益通報制度へ」ジュリスト一二三四号（二〇〇二年一一月一五日号）九六頁以下、田邉朋行＝鈴木達治郎＝青木一益＝杉山大志「原子力安全規制におけるホイッスルブロワー保護制度の日米比較——わが国制度への政策的含意を求めて」公益事業研究五四巻二号（二〇〇二年）五九頁以下、ロバート・ヴォーン（天野淑子訳）「アメリカ情報自由法と内部告発者保護の関係（上）（下）」情報公開ダイジェスト二号一四頁、同三号三三頁（情報公開クリアリングハウス、二〇〇二年）、中山義壽『訴訟社会アメリカと日本企業』（新評論、二〇〇二年）一三二頁、丸田隆「告発先進国・米英の保護法に学ぶ」週刊金曜日三六〇号（二〇〇一年）二二一—二二三頁、同「企業の不法行為と内部告発責任」法学セミナー五四九号（二〇〇〇年）八二頁、井田敦彦「内部告発者の保護　イギリス一九九八年公益開示法」調査と情報（国立国会図書館調査及び立法考査局編）三五八号（二〇〇一年）一頁以下、井田敦彦「イギリスにおける内部告発者の保護」外国の立法（国立国会図書館調査及び立法考査局編）二〇九号（二〇〇一年）二九頁以下、白井京「韓国における腐敗防止法の制定」外国の立法二〇〇一年一〇月号一四二頁、斎藤憲司「内部告発者の保護――一九九八年公共利益開示法の制定」ジュリスト一一四八号（一九九九年）三二六頁、藤本吉則＝山本順一「アメリカ合衆国における行政機関による whistleblower 保護制度の現状と問題点」図書館情報大学研究報告一六巻一号（一九九七年）五五頁、矢野裕子「米国における『ホイッスルブローアー』の保護」経済学（東北大学研究年報）五六巻四号（一九九七年）一九三頁以下、ポール・L・フリードマン、キャロライン・B・ラム、G・ウィリアム・クーリア（高山一三訳）「米国不正請求法概論」国際商事法務二二巻一二号（一九九四年）一三四九頁、森下忠「口笛を吹く人の保護」判時一四九九号（一九九四年）一六頁、同「口笛を吹く権利」判時一五三三号（一九九四年）二一頁、同「米国の内部告発者保護法」判時一五三六号（一九九四年）二五頁、同「オーストラリアの内部告発者保護法」判時一五三九号（一九九五年）三〇頁、同「イギリスの公益開示法」判時一六九六号（二〇〇〇年）四四頁。

（5）筆者のこれまでの提案として、阿部泰隆「行政監督と情報の活用――情報非公開・機能不全の行政監督から、情報手法による有効な監督、競争、自己責任の規制緩和社会へ」『行政法の発展と変革　塩野宏先生古稀記念論集』四八〇頁（二〇〇一年）、『行政の法システム（上）〔新版〕』（有斐閣、一九九七年）一八三頁、二八九―二九〇頁、「環境法（学）の（期待される）未来像」大塚直＝北村喜宣編『淡路剛久教授・阿部泰隆教授還暦記念　環境法学の挑戦』三七一頁（日本評論社、二〇〇二年）、『政策法学講座』（第一法規、近刊）、「警察腐敗の防止策」篠原一ほか編『警察オンブズマン』（信山社、二〇〇一年）三九頁以下参照。

（6）神戸大学法政策研究会は二〇〇二年一二月一四日「コンプライアンス・プログラム――企業の法令遵守体制構築のために」という題でシンポジウムを行った。

（7）阿部泰隆「警察腐敗の防止策」篠原一ほか編『警察オンブズマン』（信山社、二〇〇一年）三九頁以下参照。

（8）朝日新聞二〇〇二年五月一日の記事「清水建宇　ニュースの本棚、笛吹く人を守れ」より引用。

――外務省や内閣官房の機密費が問題になりましたが、「最強の捜査機関」と言われる検察庁にも、それはあります。「調査活動費」という名前で、一九九八年度は約六億円でした。九九年初め、この調査活動費が検察幹部の飲み食いやゴルフ代に使われていると暴露した内部告発文書が出ました。内容は詳細をきわめ、法務省の現役事務官が書いたのではないかと言われました。

これを見た仙台市民オンブズマンは、検察庁の資料を情報公開請求して調査に乗り出し、二〇〇一年一〇月、「調査活動費は裏ガネとなっていた疑いが濃い」と発表しました。一一月には週刊朝日が「現職幹部が衝撃告発、検察『裏ガネ』の全貌」

注

と題し、架空の情報提供者をでっち上げたりカラ出張をしたりして組織ぐるみの公金詐取をしている実体を報じました。週刊文春も追及に乗り出し、キャンペーンは年明け後も続きます。

春になって、通信社やテレビ局も動きだし、内部告発の意思を固めた大阪高検の三井環公安部長に接触し始めました。四月二二日にはテレビ朝日「ザ・スクープ」の鳥越俊太郎キャスターが、二四日にはＴＢＳが三井部長にインタビューする予定でした。また、民主党も検察庁の裏ガネづくりの資料を入手し、連休明けに三井部長を国会で参考人招致するべく動きつつありました。

しかし、大阪地検は二二日朝、マンションの登録免許税四七万円を不正に免除させた詐欺容疑などで三井部長を逮捕します。テレビ朝日のインタビューの六時間前でした。この日は、週刊朝日も週刊文春も連休の合併号の締めきり直後で、両誌とも二週間は一行も書けないことを見越したかのようなタイミングでした。

以上の経過から、私は三井部長の逮捕には内部告発を口封じする意図が込められていたのではないか、という疑念を消し去ることができません。免許登録税の詐取や家賃収入の不申告など三井部長の容疑は厳正に捜査すればいい。しかし、検察自体の六億円の公金流用疑惑のほうも、国会で真相を究明する必要があります。

(9) 税務大学校研究部編『税務署の創設と税務行政の一〇〇年』(大蔵財務協会、一九九六年) 七九頁以下、大蔵省『昭和財政史——終戦から講話まで——第八巻』(東洋経済新報社、一九七七年) 四一四頁以下、四五七頁、四九九頁以下。大蔵省『昭和財政史——終戦から講話まで——第一七巻資料 (1)』(東洋経済新報社、一九八一年) 六六五頁以下に、この導入時の日米のやりとりが記載されている。

(10) なお、最近、「脱北者続々、人民解放軍も困惑　中国紙、異例の逃避ルポ」という報道がある。国境を流れる豆満江を渡り、中国に入ってくる北朝鮮住民は毎日一〇人を下らず、人民解放軍の兵士は阻止に手を焼いている。

現地政府の末端組織である住民委員会は、脱北者を匿わないように各家庭に協力を求めている。匿えば、一〇〇〇元 (一元は約一四円) の罰金を払い、逆に見つけて報告したら五〇〇元の奨励金を、情報を提供したら一〇〇元の奨励金をもらえる、という内容である。このように、中国にはアメとムチで脱北者を捕まえるシステムがある (朝日新聞二〇〇三年一月二一日)。

密入国を密告制度で摘発するシステムは日本にもある (本文で述べる出入国管理・難民認定法六六条) が、わずか五万円以内の報償金である。物価の差を考えると、日本ではインセンティブにならない。

(11) 高橋滋「原子炉等規制法の改正と原子力災害対策特別措置法の制定」ジュリスト一一八六号 (二〇〇〇年) 三〇頁は、この六六条の二を職場における良好な人間関係を阻害するという見方に対して、組織の自浄作用が働かない場合の安全弁として評価し、むしろ、組織の調和を重視するわが国の風土の中で、六六条の二第二項の規定だけでこの制度が動き出すと見ることに疑問をもち、今度制度をどのように制度化していくかが課題であるとしている。

田邉朋行＝神田啓治「ＪＣＯ臨界事故に見る法的課題」環境法政策学会『化学物質・土壌汚染と法政策』（商事法務研究会、二〇〇一年）一七九頁はこの問題を扱い、問題点を指摘する。この部分はこのシンポジウム分科会の司会者であった筆者との意見交換の上に書かれたものである。本書はこの問題点を解消しようとするものである。

(12) 国際労働機関、ＩＬＯにおいて、一九二三年の第二〇号勧告、「労働者保護を目的とする法令及び規則の実施を確保する為の監督制度の組織についての一般原則に関する勧告」において、労働者が事業所における欠点または法令違反について監督官に自由に通報するための便宜が与えられるよう勧告したことによるのであろう。

(13) 斉藤憲司「国家公務員倫理法——比較法的考察」ジュリスト一一六六号（一九九九年）六二頁。

(14) 労働基準法関係の文献を瞥見したかぎりでは、労基法一〇四条二項違反は、私法上も無効と解されるとして、大洋鉄板事件（東京地決一九五〇・一二・二八労民集一巻六号一〇三九頁）、松並工業事件（広島地決一九六二・三・二八労民集一三巻二号二五二頁）があげられているにすぎない。これらの判例を見ると、一〇四条は強行規定で、効力規定だと決めつけているだけで、それ以上の理由はない。本田淳亮ほか『判例コンメンタール26労働法Ⅱ』（三省堂、一九七六年）三四六頁、『基本法コンメンタール［第四版］労働基準法』（日本評論社、一九九九年）三四三頁、労働省労働基準局編著『全訂新版労働基準法下』（財団法人労務行政研究所、一九九一年）九四二頁。

これらの文献を見ても、理由ははっきりしないが、労働基準法は強行規定で、この法律の定める基準に達しない労働条件は無効とされている（同法一三条）ことがこの不利益取扱いを無効とする根拠とされているらしい。しかし、申告して、不利益取扱いを受けたとき、不利益取扱いをしてはならないという一〇四条二項は、この法律に定める労働条件の基準なのだろうか。労働時間や休暇などが労働条件であることは明らかであるが、「無効となった部分は、この法律で定める基準による」（一三条）というのを一〇四条に適用すると、そのときこの法律で定める基準はないのではないか。

また、本文で述べたように、労基法一〇四条二項と同じ規定をおいている労働安全衛生法、じん肺法、家内労働法、賃金の支払いの確保等に関する法律、鉱山保安法をみると、労基法一三条に当たる規定はないので、効力規定とする根拠が労基法一三条であるとすれば、他の法律の労基法一〇四条二項に当たる規定を効力規定とするわけにはいかない。しかも、船員法三一条は、この法律で定める基準に達しない労働条件を定める雇入れ契約はその部分については無効とし、その場合、雇入れ契約は、その無効の部分については、この法律の定める基準に達する労働条件を定めたものとみなすと定めている。これをみれば、無効になるのは雇入れ契約であるから、不利益取扱いは船員法一一二条に違反しても無効にはならない。

家内労働法三二条二項では、申告をしたことを理由として家内労働者に対して工賃の引下げその他不利益な取扱いをしてはならないと定めているが、これを無効とする規定も処罰規定もおかれていない。代わりに、委託者が家内労働者に対してこの規定に違反する取扱いをした場合には、都道府県労働局長などは、委託者に対し、その取扱い是正を命ずることができるとされ（同条三項）、その違反については処罰規定がおかれている（同法三五条三号、ただし、その罰則はわずか五〇〇〇円以下であるので、実効性は低いだろう）。

「使用者は第三九条第一項から第三項までの規定による有給休暇を取得した労働者に対し、賃金の減額その他不利益取扱いをしないようにしなければならない」とする当時の労基法一三四条（平成一〇年法律一一二号による労基法の改正で、現在は一三六条）について、学説の多数は強行規定と解している（藤川久昭・ジュリスト一〇六二号［一九九五年］一二九頁、野田進・ジュリスト重要判例解説平成五年度［一九九四年］二二三頁）が、判例は努力義務としているにとどまる（沼津交通事件、最判一九九三・六・二五民集四七巻六号四五八五頁）。

最低賃金法五条では、最低賃金未満の賃金を定める労働契約は無効で、無効になった部分は最低賃金を定めたものとみなすと規定している。

したがって、もし、私法上無効にしたければ、最低賃金法のように不利益取扱いを無効とすると書くべきで、そう書くのは簡単である。そう書かなかった以上は、法律違反の私法行為の効力の問題が起きるのではないかという気がする。もし、一〇四条二項を効力規定としたいのであれば、この法律の定め方は下手である。労働法学者のこれまでの解釈は思いこみではなかろうか。

(15) 堀龍児（日商岩井株式会社専務）の「企業から見た内部告発」（公益通報支援センター二〇〇二年一〇月二九日報告）によれば、告発ルートとしては、直属の上司では問題がある場合もあるので、委員長や弁護士などに対して行う。委員会の中では、実名が出ないようにするとともに、告発者が処罰を受けないといった一定の手当ても必要である。会社はまず、自社で対処する。経営トップの姿勢、トップが指示を出すことが重要。社長自ら先頭に立って行うものであるという。

企業側はそのような対応をすべきであるが、筆者が本文で述べたのは、それとは次元を異にして、この内部ルート優先の制度設計には弊害が多いということである。

(16) 田邉朋行「米国原子力安全規制におけるホイッスルブロワー制度とわが国法制の課題について」（公益通報支援センターシ

ンポジウム二〇〇二年一〇月二九日報告）講演原稿。

(17) 野村敬生「誰のための『内部告発者保護法』なのか?」宝島別冊『ドキュメント! 内部告発』（二〇〇二年）二〇〇頁。

(18)「児童虐待等に関する児童福祉法の適切な運用について、一九九七・六・二〇厚生省児童家庭局長通知児発第四三四号」児童福祉研究会編『最新・児童福祉法の解説』（時事通信社、一九九九年）一八二頁。

さらに、児童虐待防止法制定時における衆議院の議論を紹介する。

真野政府参考人「通告に伴う免責につきましては、児童福祉法の二十五条に基づきます通告が刑法上の秘密漏えいや法令上の守秘義務違反にはならないということは、私どもすでに通知をもってお示しをいたしております。」（第一四七回国会衆議院青少年問題に関する特別委員会会議録第五号、平成一二年四月一三日）。

配偶者からの暴力の防止及び被害者の保護に関する法律の衆議院審議から――

南野参議院議員「六条の三項の趣旨……でございますが、守秘義務を負っている者が配偶者からの暴力などを発見した場合にちゅうちょすることなく通報できるということにしております。刑法の秘密漏示罪の規定その他の守秘義務に関する法律の規定でございますが、それは第六条第一項、二項の規定により通報することを妨げるものではないというふうなことを明らかにするものでございます。」（第一五一回国会衆議院法務委員会会議録第八号、二〇〇一年四月六日）。

(19) 守秘義務違反否定説＝大谷実『条解精神保健法』（弘文堂、一九九一年）一一七頁、個々に判断するとする説＝公衆衛生法規研究会『精神衛生法詳解』（中央法規、一九七六年）五一頁。

(20) 公務の内容が違法であって当該公務の民主的な運営ということ自体が無意味である場合には、民主的運営の保障のための秘密保持義務は考えられない（このことは、公務執行妨害罪の構成要件として「当該公務が適法であること」を要するとされていること、及び公務員が法規遵守義務を負っていることから推しても是認される。）から、かかる公務に関する事項は国家公務員法にいわゆる「秘密」として保護する必要性を具備しないといわなければならない（東京地判一九七四・一・三一判時七三二号一二頁、判タ三〇六号九一頁、刑集三二巻三号五三一頁）。

私見では、例外として、防衛機密、外交機密などでは、違法でも、当分の間秘密として保護すべきものがあると思われるが、ここではこれ以上論じない。

(21) これについては、萬井隆令「企業に対する批判・告発行動」季刊労働法一二四号（一九八二年）一〇七頁以下参照。

(22) この事件を扱った論文（高岡信男「退任後の役員の守秘義務」金融法務事情一五四八号（一九九九年）六頁）では、取締役の守秘義務の対象となる秘密とは、営業秘密や会社の内部情報であるが、雇用環境をめぐる違法な事実、脱税、インサイダー取引その他不法取引、役員個人のスキャンダルも会社の経営に影響のあるものは秘密であるという。商法は取締役に対し取締役会の招集権を認め（商法二五九条二項）、不正の是正は取締役会の場において行うことを予定しているからであるとされている。

なお、関税法及び外国為替管理法に違反する不正取引・不正輸出について、取締役がその事実を認識しながら支持・承認したことが、取締役の善管注意義務・忠実義務に違反するとされた事例がある（日本航空電子工業株主代表訴訟第一審判決、東京地判一九九六・六・二〇判時一五七二号二七頁）。不正の是正は取締役会で行うとすれば、実際には黙認となりかねない例ではなかろうか。

（23）アメリカでの議論につき、ちょっと古いが、中村治朗「弁護士倫理あれこれ」判時一一四九号三頁以下、一一五〇号（一九八五年）三頁以下＝同『裁判の世界を生きて』（判例時報社、一九八九年）所収参照。

（24）日本弁護士連合会弁護士倫理に関する委員会編『注釈弁護士倫理［補訂版］』（有斐閣、一九九六年）八六頁。なお、日本弁護士連合会調査室編著『条解弁護士法第2版補訂版』（弘文堂、一九九八年）一五四頁には適切な記述はない。

（25）さしあたり、宮原守男「弁護士の使命と職業倫理の基本問題」（その第三節・刑事弁護人に真実義務があるか）『弁護士の使命・倫理』（日本評論社、一九七〇年）一四七頁以下、石川元也「刑事事件における弁護士倫理」自由と正義一九八八年七月号四二頁、松尾浩也「刑事訴訟における弁護人の真実義務」『刑事訴訟の原理』（東京大学出版会、一九七四年）七頁以下、石井吉一「弁護人の責務」ジュリスト『刑事訴訟法の争点（第三版）』（二〇〇二年）三〇頁、宮原守男「弁護人の権利及び義務」『公判法体系Ⅱ　公判・裁判（1）』（日本評論社、一九七五年）一七九頁、井戸田侃「弁護人の地位・権限」『刑事訴訟法講座Ⅰ』（有斐閣、一九六三年）九七頁以下。

（26）この点は藤田紀子弁護士からご教示を得た。詳しい議論は、http://www.nichibenren.or.jp/。山岸和彦「ゲートキーパー問題とは何か」自由と正義二〇〇二年五月号三〇頁以下、同「イギリスにおけるマネー・ローンダリング規制と弁護士の苦悩」自由と正義二〇〇二年一一月号九〇頁など参照。

（27）田邉朋行「内部告発制度の明瞭化必要」朝日新聞「私の視点」二〇〇二年九月二二日一七面。この注の該当箇所の本文は田邉氏の意見を採り入れたものである。

（28）司法取引については、さしあたり、宇川春彦「司法取引を考える」判時一五八三号、一五八四、一五八六、一五八七、一

五九〇、一五九二、一五九三、一五九六、一五九八、一五九九、一六〇一、一六〇二、一六〇四、一六一三、一六一四、一六一六、一六二七号（一九九八年）、佐藤欣子『取引の社会』（中公新書、一九七四年）、苗村博子「米国における反トラスト法に関する司法取引」国際商事法務二八巻八号（二〇〇〇年）九一九頁以下。

日本弁護士連合会「入札制度改革に関する提言と入札実態調査報告書」によれば、次の通りである。

アメリカでは談合の疑いがあると、入札当局は直ちに司法省へ通告する。独禁法違反の罪を犯すと、シャーマン法（Sherman Act）により、会社は一〇〇〇万ドル以下の罰金、個人は三五万ドル以下の罰金、禁固三年以下の刑となる。談合をした場合、独禁法違反だけでなく、虚偽の証言、郵便詐欺、脱税などが合わせて罰せられることが多い。個人の平均罰金額は二〇万ドルで、平均刑期は一二ヶ月の実刑という厳しさである。司法省の検事の表現を借りると「犯罪があれば、どこまでも追いかけていき、必ず裁判にかけ、できるだけ厳しい罰を与える」ということである。罰金の基準は、談合による損害額の二倍である。

独禁法違反の摘発をしやすくするための、「最初の自白者に対する免責制度」は注目に値する。捜査開始後であっても、最初に司法省へ来て事実を自白すれば、自白者は刑事責任を免れる。一九九六年から、司法省からの呼出状が来た後に自白しても免責されるようになってから、司法省への自白申し込みは、月に二、三件あるようになり、独禁法違反の摘発は飛躍的に増えた。これも司法省の検事の言を借りると「アメリカ独禁法の一〇〇年の歴史の中で一番大きな影響を与えた」制度改革である。

(29) 雪印食品（解散）による狂牛病関連の牛肉偽装を告発した倉庫会社である西宮冷蔵に対し、国交省神戸運輸監理部は、雪印食品に指示されて同社が行った在庫証明書の改ざん（輸入牛肉の在庫約一二・四トンを国産牛肉などとして、証明書に記載）が、倉庫業法二一条一項三号に定める「営業に関し不正な行為をしたとき」に当たるとして、一週間の営業停止処分にした。
同監理部によると、停止期間は通例一か月というが、監理部は「不正を自ら警察に届けた事情を考慮した」としている。一方、同社は「処分は不当」として立入り調査を拒否するなどしており、水谷社長は処分通知とみられる内容証明付きの封書の受取りを拒否。「業者ばかり処分される状況は許せない。国こそが処罰の対象だ。さらに通知があっても無視する」と反発していた。同監理部は西宮冷蔵に、再発防止策を書面で提出することも求め、「処分に従わないと、倉庫業法違反で登録取り消しにもなる」としていた（読売新聞二〇〇二年一〇月一〇日）。しかし、同社はこの処分を受け入れた（毎日新聞二〇〇二年一〇月三〇日）。

この事件については、水谷洋一「雪印食品・牛肉偽装」宝島別冊『ドキュメント！　内部告発』（二〇〇二年）一〇頁以下に詳しい。

(30) 白石賢「内部告発者保護制度の立法化にむけて」JCER DISSCUSSON PAPER No.80（日本経済研究センター、二〇〇二年九月）一〇頁、改訂して、「公益通報制度の体系的立法化に向けての一考察――内部告発者保護から公益通報制度へ」ジュリスト一二三四号（二〇〇二年一一月一五日号）九六頁以下に掲載。

(31) 碓井光明「私人による政府の賠償請求権の実現（一）（二）（三）――アメリカ合衆国不正請求法による Qui Tam 訴訟の検討」自治研究七五巻三号三頁以下、同七五巻四号一九頁以下、同七五巻六号五六頁以下（一九九六年）。

(32)「ヘロイン密輸事件　豪で服役　日本人四人　無実の叫び　スーツケース盗難、ガイドが新品用意、二重底から計一三キロ、大阪など　弁護士五二人が救援活動」（毎日新聞一九九九年一〇月三〇日三面）。「メルボルン事件」という。麻薬の運び屋にされて、懲役一五年の実刑判決を受けた日本人五人のうち三人が刑期の三分の二を経てこのほど仮釈放され、日本に強制送還された（読売新聞二〇〇二年一一月八日）。

補足 ― 国民生活審議会の動き

一　内閣府の告発者保護制度案骨子＝事業者内での通報原則

内部告発者を保護する「公益通報者保護制度」の内閣府の案の骨子が二〇〇二年一二月一七日、国民生活審議会の消費者政策部会で明らかにされた（http://www.consumer.go.jp/に掲載）。同部会は、消費者政策のあり方について議論を重ねており、近く発表する予定の「二一世紀型の消費者政策の在り方」（中間報告）の素案として、事務局の内閣府国民生活局が示したものである。

これはまず、食品の偽装表示やリコールにかかる事件など、企業内部の従業者からの通報を契機として企業の不祥事が明らかになる事例が多発している状況を踏まえ、行政による監視体制を補完して事業者による法令遵守等を確保し、消費者利益の擁護を図るため、公益通報者保護制度を早急に整備することが必要とする。

そして、制度の基本的方向としては次のような内容が考えられるとする。

① **制度の目的**

事業者による法令遵守等を確保し、消費者利益を擁護

② **公益通報者の保護**

・公益通報を理由とした従業者の解雇等の不利益な取扱いを禁止

・公益の範囲として、危害の防止、表示の適正化など消費者利益の擁護に関係する法令違反等について検討

その他、不利益な取扱いを受けた公益通報者の救済、公益通報によって生じた損害の賠償責任の取扱い、公益通報と守秘義務との関係等について検討

③ **事業者内部での公益通報への適切な対応**

・事業者が公益通報に対し適切な措置を講ずる義務、必要な体制整備を行う努力義務等について検討

④ **事業者外部への公益通報**

事業者内部での通報を原則としつつ、一定の場合に、権限を有する主務大臣等に通報する仕組みについて検討

⑤ **その他**

・円滑に公益通報を行えるようにするための情報提供等の在り方について検討

最後に、上記の基本的方向を踏まえ、制度の内容について早急に具体的検討を進め、必要な法制化を図るべきとしている。

二　コメント

これに対し、この部会の議論では「民間だけを対象にするのでは不十分だ」、「主務大臣が機能しないこともあり得る」、企業内部の通報を原則としている点や保護の範囲の狭さに異論が出たという（朝日新聞二〇〇二年一二月一八日）。

この制度設計は、①事業者による法令遵守等を確保し、消費者利益を擁護することに制度の目的を限定して、官庁の不正を対象外とし、②公益の範囲として、危害の防止、表示の適正化など消費者利益の擁護に関係する法令違反等に限定するというように、きわめて狭い制度に限定しているが、それはもともと旧経企庁の国民生活審議会消費者政策部会の枠内で、単に消費者保護行政の一貫として検討しているからである。

私見は、こうした縦割行政の枠に囚われずに、政府として総合的な法制度を設計するべきであるとし、その考え方を示したものである。そこで、政府全体として検討する新しい検討の場を作るべきである。

内部通報を原則とすることに対しては先に批判したところである。

また、主務大臣が機能しないこともあるから、主務大臣のほか、消費者団体への通報など、従来のルートを残すほか、大臣における業者監督と育成部門の分離なり、少なくとも告発センターは育成部門から分離することなどを先に提言したところである。

三　中間報告

その後、国民生活審議会消費者政策部会「21世紀型の消費者政策の在り方について」（―中間報告―二〇〇二年一二月）（http://www.consumer.go.jp/）が公表されたが、これは前述の骨子を少々延長したものであるので、省略する。

四　市民団体のコメント

消費者団体や市民団体などが二〇〇二年一一月末に立ち上げた「内部告発者保護制度の実現を進める市民ネットワーク」

が東京都内で発足記念シンポジウムを開き、同制度のあるべき内容について議論した。

シンポジウムでの討論では、内閣府が検討中の同制度が「消費者利益の擁護」に関する分野に対象範囲を限定していることに対し、参加者から疑問や反対が続出。「内閣府は『小さく生んで、大きく育てる』と言っているが、最初から全分野が対象の包括的な制度を目指すべきだ」「省庁の縦割りを乗り越えるには議員立法が有効。市民の声を大きくすることが大切だ」などの意見が出た。

また、市民ネットワークは同制度について、①公益に資する内部告発は広く保護される、②組織の内部と外部の通報先のどちらにも通報できる、③告発者に不利益を与えてはならず、不利益を受けた者は適切な方法で救済される、④告発者は守秘義務違反に問われない、⑤告発者自身が不正行為に関与していた場合などは刑事罰等が軽減される、⑥告発者に不利益を与えたり、告発にかかわる情報を隠蔽《いんぺい》したりした者に対する罰則を設ける——の六原則を提示。今後の議論の基本的な方向を示した（朝日新聞二〇〇三年二月一日）。

いずれも基本的には筆者が述べているところである。

五　公益通報者保護制度検討委員会

本稿脱稿後、国民生活審議会は公益通報者保護制度検討委員会を設置し、急ピッチで審議中である。その討議内容は同審議会のホームページ（右三参照）から入手できる。詳しい議論がなされている。ただ、筆者としては、本書で述べた論点や見解を特に修正する必要は感じない。

＊　巻末資料

次頁以下に掲げる**資料１２**は、国民生活審議会における公益通報者保護制度関係資料（二〇〇三年一月二四日）による。

資料1　企業内部からの通報等により不正が明らかになった事例

事業者名（時期）	発　端	事　案	結　果
三菱自動車工業（株） （2000年6月頃）	運輸省に寄せられた社員からと思われる匿名の通報	旧運輸省の立入検査等において、クレーム情報について報告漏れがあり、結果的にリコール届出が遅れたこと、また、リコール届出がなされないまま回収・修理が実施（いわゆるリコール隠し）されたことが判明。	道路運送車両法違反として、行政措置及び過料。
雪印食品（株） （2002年1月）	取引業者（倉庫会社）社長の兵庫県警への通報	BSE保管対策事業に申請した牛肉について、同社の関西ミートセンターで虚偽の原産地表示等を行った疑いがあることが発覚。	JAS法、景品表示法違反として行政措置。会社幹部が詐欺罪の疑いで逮捕。
全農チキンフーズ（株） （2002年3月）	全国農業協同組合連合会の会員生協への匿名による通報	輸入鶏肉を国産と表示して販売、また抗生物質使用鶏肉に「無薬飼料飼育」と表示して販売。	JAS法、景品表示法違反として行政措置。
協和香料化学（株） （2002年5月）	東京都食品監視課に匿名の投書	工場において食品衛生法上認められていない物質（アセトアルデヒド等）を使用して香料を製造。	食品衛生法違反として、行政措置。
（株）ダスキン （2002年5月）	農林水産省に寄せられた社員と思われる匿名の通報	食品衛生法上認められていない物質（TBHQ）を使用して製造した飲茶大肉まんを販売。	食品衛生法違反として、行政措置。
日本ハム（株） （2002年8月）	農林水産省近畿農政局に寄せられた関係者からの通報	BSE保管対策事業に申請した牛肉について子会社の日本フード（株）の7営業部で不適格又はその可能性があるものが判明。	日本フード職員を詐欺罪で刑事告発。
東京電力 （2002年9月）	原子力発電所の自主検査を請け負った業者の元社員による旧通産省への通報	自主点検作業において、ひび割れやその兆候等の発見、修理作業等についての不正な記載等が行われた疑いがあることが判明。	原子炉等規正法違反として行政措置。

（注）各省資料等による。

ンド）における公益通報者保護法制の概要

	オーストラリア（注3）	ニュージーランド
	×（6州2特別地域のうち、6カ所で法制化（2002年現在））	○
州法	各州法（クィーンズランド州、ビクトリア州、ニュー・サウス・ウェールズ州、サウスオーストラリア州、ウェスターンオーストラリア州、オーストラリアン・キャピタル・テリトリー）以上6カ所	開示保護法（2000年）
各州法		
公的部門（15州以上が民間部門に適用）	一般的には、公的部門での不正を対象（クィーンズランド州法のみが民間部門の内部通報者も保護）	民間・公的部門
州によって異なる	・公的部門での不正について内部通報できる者は、ニュー・サウス・ウェールズ州は公務員に限定。 ・他の州法では、だれでも通報し、法の保護を受けることができる。	組織の従業員（※「組織」とは、法人・非法人を問わず、人が集合した団体を意味し、1名の従業員、ならびに1名以上の従業員で構成される団体を含む）
法の違反、失政、巨額の浪費、職権濫用、公衆の健康と安全に対する脅威など（州によっては、特定の法違反に限る場合もある）	・各州法は、一般的に公共の利害に係る通報に限定。 ・クィーンズランド州法（公的部門だけでなく、民間部門も含む）では「公務員による違法行為等」、「公衆の衛生または安全に対する危険」、「環境に対する危険」	「公共資金、公共資源の違法等使用」、「公衆衛生、公衆安全または環境に重大な危険を及ぼす行為」、「違法行為」など
いくつかの州において、内部への事前通報要件規定あり。また、事前通報必要なしと規定する州もある。	・各州法では、特定機関への通報に限定。 ・ニュー・サウス・ウェールズ州法のみが、特定機関への事前通報を前提に一定の要件の下、報道機関への通報を許容。	組織の内部手続きに従って通報することを原則（一定の場合に、関係当局、オンブズマンへの通報も保護対象）
主に民事訴訟を提起（州によっては、提起前に行政上の救済を受けることを要求する場合もある）	裁判所に提訴。	裁判所に提訴、あるいは労働問題を扱う苦情処理機関への申立のいずれか
原職復帰、遡及賃金、損害賠償、懲罰的損害賠償など	損害賠償など（一部の州法においては、通報者に対し不法な報復をした者は、不法行為を理由として、それにより、生じた損害の賠償義務のみならず、刑事責任を問われる旨規定されている。）	原職復帰、損害賠償など

「エネルギー再編法」など、ほぼ環境と原子力関連の分野に限定されている。つまり広範囲にわ
者に内部通報の保護規定が適用される。
法執行官へ通報した如何なる組織の従業者に対しても不利益を与えることを禁止し、違反した者

資料2　諸外国(英、米、豪、ニュージーラ

国名	イギリス	アメリカ		
包括法の有無	○	×		
法律名	公益開示法（1998年）	連邦法		
		内部通報者保護法（1989年）	環境・原子力分野の個別法（注１）	サーベンス・オクスリー法（2002年）（806条）（注２）
適用範囲	民間・公的部門	公的部門	環境・原子力分野の民間部門に適用	上場会社及び証券会社
通報者の範囲	雇用契約その他の契約下の労働者（派遣労働者等を含む）	連邦政府職員（元従業員、採用予定者を含む）	適用法ごとに異なる	上記会社における従業者
通報対象行為	「犯罪行為」、「法律上の義務違反」、「人の健康又は安全に対する危険」など	法令違反（詐欺、賄賂等）、資金の浪費、権力の濫用、国民の健康・安全への重大な危険など	適用法ごとに異なる	取引における詐欺、上場基準違反、株主に対する不正行為など
通報相手先	雇用者等の内部への通報が前提（一定の要件の下、報道機関等の外部への通報も保護の対象）	機関内外の誰かを問わない	一般に、環境分野に関しては、議会や行政機関など特定機関に対する内部通報を保護対象	・従業員に対する監督権を有する者 ・連邦議員 ・捜査当局など
不利益処分に係る救済方法	雇用審判所に申立（決定に不服がある場合は司法手続きに移行）	特別助言局に申立（決定に不服がある場合は司法手続きに移行）	労働省行政法審判局等に申立（決定に不服がある場合は司法手続きに移行）	労働長官等に申立（決定が期日内に提示されない場合などにおいて、司法手続きに移行）
救済内容	原職復帰、再雇用又は補償金	原職復帰、遡及賃金、損害賠償など		原職復帰、遡及賃金、損害賠償など

（注１）　具体的には「大気清浄法」、「連邦水質汚染管理法」、「安全飲料水法」、「有毒物質管理法」、
たる影響が予想される領域で安全に対して敏感であることが求められるポジションにいる

（注２）　同法においては、上記の従業員を直接、保護する規定以外に、連邦法に違反する行為を
に罰則を課すことが出来る旨、規定されている（1107条）。

（注３）　森下忠　「オーストラリアの内部告発者保護法」判例時報No.1539（1995年）などによる。

諸外国法令における通報先の範囲

国名：法律名 ／ 通報先	イギリス	ニュージーランド	豪クィーンズランド州	アメリカ		
				連邦法	一部の州法	
	公益開示法（1998年）	開示保護法（2000年）	内部通報者保護法（1994年）	サーベンス・オクスリー法（2002年）	ミシガン州法	ニュージャージー州法
使用者又はその他の責任者	○	○	×	○	×	×
弁護士等の法律助言者	○	×	×	×	×	×
監督官庁	○（注１）	○	×	○	×	○
主務大臣	○（注２）	○	×	×	×	×
警察等の捜査機関	○	○	×	○	×	×
報道機関	○	×	×	×	×	×
公的機関	○	×	○（注４）	×	○	○
その他	○	オンブズマン（注３）	×	連邦議員又は連邦議会委員会	×	×

（注１）　通商産業国務大臣の命令により、多くの事項に関して被指定人が指定されている（例えば、金融サービス関連に関する事項につき、金融サービス庁)。
ただし、全ての規制監督官庁が指定されているわけではない。
（注２）　特殊法人に相当する組織の労働者のみが通報者となる場合の通報先。
（注３）　1975年オンブズマン法に基づき職務に従事するオンブズマンをいう。
（注４）　豪クィーンズランド州の「内部通報者保護法（1994年）」においては、第25条で「適切な機関に通報することができる」とされているが、第26条によって、「調査・救済権限を持っている、または他行政機関に移送できる公的機関」が「適切な機関」とされている。

諸外国法令における公益の範囲

国名：法律名 ／ 情報の内容	イギリス	ニュージーランド	豪クィーンズランド州	アメリカ		
				連邦法	一部の州法	
	公益開示法（1998年）（注１）	開示保護法（2000年）	内部通報者保護法（1994年）	サーベンス・オクスリー法（2002年）	ミシガン州法	ニュージャージー州法
個人の健康又は安全に対する危害	○	○	○	×	×	×
違法行為	○	○	○（注２）	○（注３）	○（注４）	○（注５）
犯罪行為	○	○	×	○	×	×
環境破壊	○	○	○	×	×	×
裁判の偽証等	○	×	×	×	×	×
上記不正に関する隠匿	○	×	×	×	×	×
公務員による不当な行為（不正な公金の支出、失策など）	×	○	○	×	×	×
法律上報告義務のある情報	×	×	○	×	×	×
証券取引所上場基準違反	×	×	×	○	×	×

（注１）　法に掲げる行為は、現に進行中の場合だけでなく、過去に行われたか、将来行われるおそれのあるときも、通報の対象となる（法第43条Ｂ第１項)。
（注２）　公務上の不法行為に限る。
（注３）　連邦法第1341条（詐欺等)、1343条（通信による詐欺)、1344条（銀行詐欺）に該当する場合に限る。
（注４）　違法のおそれがある場合も含む。
（注５）　違法等のおそれのある行為について通報も対象となる。

資料3

第一五四回参第一四号、行政運営の適正化のための行政機関等の業務の執行に関する報告及び通報等に関する法律案（民主党案）

目　次

第一章　総　則

（目的）

第一条　この法律は、行政機関等の業務の執行に関し、法令に違反する事実等の報告及び通報の制度、報告又は通報をした者の保護のための措置等について定めることにより、国の行政運営の適正化を図ることを目的とする。

（定義）

第二条　この法律において「職員」とは、国家公務員法（昭和二十二年法律第百二十号）第二条に規定する一般職に属する国家公務員で行政機関等に勤務するものをいう。

2　この法律において「行政機関等」とは、法律の規定に基づき内閣に置かれる各機関、内閣の統轄の下に行政事務をつかさどる機関として置かれる各機関及び内閣の所轄の下に置かれる機関並びに各特定独立行政法人（独立行政法人通則法（平成十一年法律第百三号）第二条第二項に規定する特定独立行政法人をいう。）をいう。

第二章　行政機関等の業務の執行に関する報告及び通報等

（上司等への報告等）

第三条　職員は、その属する行政機関等の業務の執行に関し次の各号のいずれかに該当する事実があると思料するときは、当該行政機関等における上司その他の当該行政機関等における適切な職にある者に報告することができる。

一　法令に違反し、又は違反するおそれがある事実

二　職員の懲戒事由に該当することが明らかな事実（前号に該当するものを除く。）

三　人の生命又は健康に重大な影響を与えるおそれがある事実（前二号に該当するものを除く。）

四　会計経理に関し明らかに不当であると認められる事項がある事実

2　前項の規定による報告を受けた者は、当該報告に係る事実について調査の上、適切な措置を講じなければならない。

3　第一項の規定による報告を受けた者は、当該報告をした職員の氏名の秘匿その他の措置で当該報告をした職員を保護するために必要なものを講じなければならない。

4　その属する行政機関等の業務の執行に関し罪を犯した職員が捜査機関に発覚する前に当該犯罪について第一項の規定による報告をしたときは、その刑を減軽することができる。

（行政適正化委員会への通報等）

第四条　職員は、その属する行政機関等の業務の執行に関し前条第一項各号のいずれかに該当する事実があると思料するときは、行政適正化委員会に当該事実を通報することができる。

2　行政適正化委員会は、前項の規定による通報を受けた場合において、当該通報に係る事実の存在を信ずるに足りる相

当な理由があると認めるときは、当該通報をした職員（以下この条において「通報者」という。）の属する行政機関等の長に対し、適切な措置をとるべきことを勧告するものとする。

3　行政適正化委員会は、前項の規定による勧告をしたときは、当該行政機関等の長に対し、その勧告に基づいてとった措置について報告を求めることができる。

4　行政適正化委員会は、第一項の規定による通報に係る事実について、第二項の規定による勧告をしたときはその旨を、同項の規定による勧告をしないこととしたときはその旨及びその理由を、前項の規定による報告を求めたときはその旨及びその報告の内容を、それぞれ、遅滞なく、通報者に書面で通知しなければならない。

5　行政適正化委員会は、通報者の氏名の秘匿、資料の提供その他の措置で通報者を保護するために必要なものを講じなければならない。

6　職員の守秘義務その他の職務上の義務に関する法律の規定は、第一項の規定により通報することを妨げるものと解釈してはならない。

7　行政適正化委員会は、第一項の規定による通報を受けたときは、当該通報に係る事実の存否の判断のため必要な範囲において、当該通報者の属する行政機関等の長に対し資料の提出及び説明を求め、又は当該行政機関等の業務の執行について実地に調査することができる。

8　第二項の規定による勧告を受けた行政機関等の長は、当該勧告に関し、公にされることにより当該行政機関等の業務の執行に著しい支障を生ずるおそれのある事実があるときは、行政適正化委員会に対し、その旨を通知することができる。

（不利益取扱いの禁止）

第五条　職員は、第三条第一項の規定による報告又は前条第一項の規定による通報をしたことを理由として、不利益な取扱いを受けない。

（職員以外の者による通報等）

第六条　行政機関等の業務の執行に関し第三条第一項各号に掲げる事実の存在を知った者（当該行政機関等に勤務する職員を除く。）は、当該行政機関等又は行政適正化委員会に通報することができる。

2　前項の規定による通報を受けた行政機関等は、当該通報に係る事実について調査の上、適切な措置を講じなければならない。

3　行政適正化委員会は、第一項の規定による通報を受けた場合において、当該通報に係る事実の存在を信ずるに足りる相当な理由があると認めるときは、当該通報に係る行政機関等の長に対し、適切な措置をとるべきことを勧告するものとする。

4　行政適正化委員会は、前項の規定による勧告をしたときは、当該行政機関等の長に対し、その勧告に基づいてとった措置について報告を求めることができる。

5　行政適正化委員会は、第一項の規定による通報に係る事実について、第三項の規定による勧告をしたときはその旨を、同項の規定による勧告をしないこととしたときはその旨及びその理由を、前項の規定による報告を求めたときはその旨及びその報告の内容を、それぞれ、遅滞なく、第一項の規定による報告をした者（次項において「通報者」という。）に書面で通知しなければならない。

6　行政適正化委員会は、通報者の氏名の秘匿、資料の提供その他の措置で通報者を保護するために必要なものを講じなければならない。

7　行政適正化委員会は、第一項の規定による通報を受けたときは、当該通報に係る事実の存否の判断のため必要な範囲において、当該通報に係る行政機関等の長に対し資料の提出及び説明を求め、又は当該行政機関等の業務の執行について実地に調査することができる。

8　第三項の規定による勧告を受けた行政機関等の長は、当該勧告に関し、公にされることにより当該行政機関等の業務の執行に著しい支障を生ずるおそれのある事実があるときは、行政適正化委員会に対し、その旨を通知することができる。

9　国は、何人に対しても、第一項の規定による通報をしたことを理由として、不利益な取扱いをしてはならない。

（国会に対する報告等）

第七条　行政適正化委員会は、毎年、第四条第一項及び前条第一項の規定による通報（行政適正化委員会が受けたものに限る。）の状況、第四条第二項の規定による勧告及びその勧告に基づいてとられた措置並びに前条第三項の規定による勧告及びその勧告に基づいてとられた措置について記載した報告書を作成し、これを内閣総理大臣を経由して国会に提出するとともに、一般に公表しなければならない。

第三章　行政適正化委員会（略）

第四章　雑則（略）

第五章　罰　則

第二十三条　第十七条第一項の規定に違反して秘密を漏らした者は、二年以下の懲役又は百万円以下の罰金に処する。

資料4　内部告発文献リスト（外国法は注（4）にまとめて掲げ、筆者の論文は注（5）に掲げた）

●日本法

北村喜宣「やったぜゲットだ、一万円！　桐生市不法投棄防止条例　環境法学の周辺45」産業と環境三〇巻九号（二〇〇一年）五〇頁＝『自治力の冒険』（信山社、二〇〇三年）七九頁。

同「アメリカ環境法点描⑪タレ込み一件一万ドル――違反通報者報奨金制度」産業と環境一九九四年一一月号三七頁。

同「環境規制執行の実態と執行法政策」大塚直＝北村喜宣編『淡路剛久教授・阿部泰隆教授還暦記念　環境法学の挑戦』（日本評論社、二〇〇二年）一七〇頁。

同「政策・施策形成への市民参画」環境法政策学会二〇〇二年度学術大会論文報告要旨集八九―九五頁。

小早川光郎「環境政策における情報と参加」環境法政策学会二〇〇二年度学術大会論文報告要旨集七五―七六頁。

田邉朋行＝鈴木達治郎＝青木一益＝杉山大志「原子力安全規制におけるホイッスルブロワ――保護制度の日米比較――わが国制度への政策的含意を求めて」公益事業研究五四巻二号（二〇〇二年）。

高巖「『法令遵守』はトップの責任」朝日新聞「私の視点」二〇〇二年九月二二日一七面。

田邉朋行「内部告発制度の明瞭化必要」朝日新聞「私の視点」二〇〇二年九月二二日一七面。

田邉朋行「内部告発者をいかに保護するか」二〇〇二―一〇ENERGY、九頁以下。

白石賢「公益通報制度の体系的立法化に向けての一考察――内部告発者保護から公益通報制度へ」ジュリスト一二三四号（二〇〇二年一一月一五日号）九六頁以下。

松葉謙三「『どうぞ談合してください』という日本の入札――日本の入札の九〇パーセントが談合（談合による損害は八兆円）」阿部泰隆＝根岸哲監修『法政策研究（第四集）』（信山社、二〇〇一年）三四頁。

高井伸夫「内部告発の実態と弁護士の役割」自由と正義四一巻六号（一九九〇年）五八頁。

萬井隆令「企業に対する批判・告発行動」季刊労働法一二四号（一九八二年）一〇七―一一五頁。

行政法制研究会「公務員の告発義務」判時一四〇四号二七頁。

伊藤栄樹他編『新版　注釈刑事訴訟法』（佐藤道夫執筆）（立花書房、一九九八年）三〇一頁以下。

辻村昌昭「労働判例解説　内部告発文書と普通解雇の効力（敬愛学園事件）」季刊労働法一七五＝一七六合併号二五三頁。

西崎健児「平成八年度主要民事判例解説　医師が病院における抗生物質の過剰投与等を保健所に対し内部告発したことを理由とする普通解雇が解雇権の濫用に当たるとされた事例――医療法人思誠会（富里病院）事件」判例タイムズ九四五号（一九九七年）三九二頁。

伴義聖「カラ出張と内部告発――告発と守秘義務との関係〈法律相談〉」判例地方自治五一号（一九八九年）九九頁。

串岡弘明『ホイッスルブローアー＝内部告発者　我が心に恥じるものなし』（桂書房、二〇〇二年）

宮本一子『内部告発の時代　組織への忠誠か社会正義か』（花伝社、二〇〇二年）。

宝島別冊『ドキュメント！　内部告発』（二〇〇二年）。

太田さとし『内部告発マニュアル』（ビジネス社、二〇〇二年）。

「特別企画　内部告発がニッポンを救う？」法学セミナー二〇〇三年三月号、江刺正嘉「改ざんされたカルテ、隠された調査報告書――東京女子医大事件から」同五二頁、柿崎環「内部告発の制度化は日本の企業社会を変えるか」同五六頁。

●雑誌記事

「『内部告発者保護法』の制定を今こそ急げ――公益のために発言する」Themis一〇巻一〇号（二〇〇一年）一〇六頁。

「三菱自工や雪印乳業が露呈した会社の危機管理・はじめて判った新難題――内部告発の激増、社内の隠ぺい体質、記者会見に秘められた意図――これだけは知れ（［Themis 発行］八周年記念号）」Themis 九巻一〇号（二〇〇〇年）八二頁。

「企業・官庁・地方自治体を襲う急増する『内部告発』の新傾向はこれだ」Themis 八巻八号（一九九九年）一〇〇頁。

「危機管理　経営危機は外部要因だけではない　急増する内部告発　その傾向と対策データ」Business data（日本実業出版社［編］）一六巻一九六号（二〇〇一年）七〇頁。

北野信彦・西田陽子「インタビュー　職場と住民の安全願って　廃液垂れ流しの三井化学を内部告発した　北野信彦さんに聴く」労働と健康二七巻二号（二〇〇一年）二七頁。

宮坂純一『企業社会と会社人間』（晃洋書房、二〇〇二年）二七頁。

「SPOTLIGHT『内部告発』をさせない環境とは――中国・上海日系企業の事例から探る」Asia market review 一二・一九（二〇〇〇年）一二頁。

川嶋光「緊急レポート　リストラ時代に急増する『社員の内部告発』――どういうケースが多いのか、会社にどんなお咎めがくるのか」企業実務三八巻八号（一九九九年）五〇頁。

藤田良子「JJN Essay　老人施設の不正・介護放棄を「告発」する意味――なぜ私は声を上げるのか?」看護学雑誌（医学書院）六四巻九号（二〇〇〇年）八四四頁。

浜条元保「エコノミスト・リポート　リストラ社員急増で『内部告発』社会が日本でも本格化」エコノミスト（毎日新聞社）七八巻三九号（二〇〇〇年九月一九日号）五六頁。

紀藤正樹＝田中康夫＝古瀬幸広「鼎談　告発ホームページで見えてきた『一人市民運動』の未来（特集　ネットが開いた新「告発社会」）」論座五七号（二〇〇〇年）一四頁。

角田大憲「会社法務　告発ホームページと名誉毀損」企業会計五一巻一三号（一九九九年）二〇三六頁。

三木賢治「密告者はなぜ生まれるか?」捜査研究四八巻五号（一九九九年）五八頁。

「特集　内部告発で問われる企業の自己再生力」中央公論二〇〇二年一一月号
田村達也「〈不祥事はすぐに徹底公開しろ〉役所依存が企業を破滅させる」同号一一一頁。

聞き手　溝上憲文「内部告発　一部上場企業人事部長の本音」同号一一四頁。

「特集　内部告発のすすめ」週刊金曜日三六〇号（二〇〇一・四・二〇）

須田光照「【千葉県庁】内部告発に踏み切った職員の思い」同号一二頁。

編集部「【日本医大】良心の呵責に揺れた担当医の二年半」同号一三―一五頁。

編集部「【東京海上】会社関係者が告発した巨額の損失隠し」同号一六―一七頁。

川田悦子＝新井秀雄「組織の圧力に負けるな!（対談）」同号一八―二一頁。

「特集『社員の不正』が企業を殺す」週刊エコノミスト二〇〇二年一〇月八日号。

田中宏司「モラル崩壊企業から学ぶ教訓」同号一八頁。

久保利英明「社内告発制度は不祥事抑止に効果あり」同号二二頁。

島村昌孝「監査役をフルに機能させる方法」同号二四頁。

奥村皓一「CEOの権力温存　骨抜きの米企業改革法」同号二六頁。

田中弘「時価会計がモラルの崩壊を招いた」同号二八頁。

河口真理子「企業の『社会的責任』は投資商品になるか」同号三〇頁。

秋田一恵「〈寄稿〉身近な問題　内部告発者保護法」LIBRA Vol.1 No.2（東京弁護士会、二〇〇一年）一七頁。

加藤尚武「内部告発のすすめ」Ronza一九九七年一月号（朝日新聞社）三四頁。

三木由希子「韓国の腐敗防止法と情報公開法改正案」情報公開　DIGEST　第五号（情報公開クリアリングハウス、二〇〇二年）三三―三七頁。

その後の動き　**内閣府の公益通報者保護制度検討委員会の最終案**

本書の校了直前の5月7日まとまった最終案（その原案は93頁記載のHPに掲載）では、保護される通報者を「事業者に雇用されている労働者」とし、通報内容を「消費者の利益を侵害する法令違反」「国民生活にかかわる分野の法令違反」に絞り込んだ。企業に対する罰則規定もおかない。行政機関以外の外部への通報について、「人の生命または身体に危害が発生した」「被害の防止のために相当な通報先である」など日本独自の要件を設け、事業者内部や行政機関への通報を経なくても、消費者団体や報道機関に直接通報できるとした（朝日新聞、読売新聞　2003年5月8日）。

極めて限定的で、かえって逆行だと批判は多いが、これで一歩前進とするのが多数意見のようである。

政策法学ライブラリイ　刊行にあたって　2001年6月

世の中は構造改革の時代である。われわれは既存の発想を変え、制度を変えて、未知の課題に新しく挑戦しなければ沈没してしまう時代になった。法律の世界では、法制度を塗り替える政策法学の時代が来たのである。

わたくしは、かねて解釈学だけではなく、こうした政策法学を提唱して、種々提言を試みてきた。日本列島「法」改造論のつもりである。往々にして、変人とか言われても、「変革の人」のつもりであったし、「時期尚早」と言われても、死後ではなく、生きているうちに理解して貰えるという信念で頑張ってきたが、ようやく認知される時代がきたと感じているところである。

このたび、信山社では、これをさらに推進すべく、「政策法学ライブラリイ」を発刊することになった。商業出版の世界ではたしてどこまで成功するかという不安はつきないが、時代の先端を行くものとして、是非ともその成功を祈りたい。このライブラリイを舞台に、多くの法律学研究者がその仕事の比重を解釈論から政策論に移行させ、実務家も、同様に立法論的な解決策を理論的な基盤のもとに提唱し、実現することが期待される。

政策法学ライブラリイ編集顧問
神戸大学大学院法学研究科教授　阿部泰隆

「このような世の中になればいい」と、人は、考えることがある。そうした想いが、集まり、議論され、ひとつの政策が形成される。それを実現するための社会の重要な手段が、法律である。

法律は、真空状態のなかで生成するものではない。社会の動きに反応し、既存法を否定・補完・改革し、新たな発想を包み込み、試行錯誤を繰り返しながら、生まれ、そして、育っていくのである。

地方分権や規制改革の流れは、社会の変革を、思いのほか速くに進めることだろう。それを十分に受け止めて対応する法学がなければ、新世紀の法治主義社会の実現はありえない。実定法の後を追うだけの視野の狭い法学では、荷が重い。今こそ、合理的な政策とそれを実現するための制度を正面から研究対象とする法学が、求められている。

「政策法学ライブラリイ」は、新たな志向を持つ研究者・実務家に門戸を開く。確立した学問的成果があるわけではない。方法論も定まっていない。このライブラリイから発信された議論が、学界や実務界での健全な批判のもとに成長をし、微力であるかもしれないが、社会の発展のためのひとつの確実な力となることを期待したい。

政策法学ライブラリイ編集顧問
上智大学法学部教授　北村喜宣

政策法学ライブラリイ　8
内部告発〔ホイッスルブロウワァー〕の法的設計
初版第1刷発行　2003年 5月30日
著　者　阿部泰隆
発行者　袖 山 貴＝村岡侖衛
発行所　信山社出版株式会社
〒113-0033　東京都文京区本郷6-2-9-102
TEL03-3818-1019　FAX03-3818-0344
印刷・製本　エーヴィスシステムズ

ISBN　4-7972-5287-1-C3332　　装幀　アトリエ 風